「言葉綴り」と自分の心を見つめる！

- 同僚からの非難
- 生徒に褒めが効かない
- 不登校傾向生徒とのかかわり
- 子どもの成長が感じられない
- 予期せぬ異動
- 生徒の強い反抗
- 感情的に叱ってしまう
- 進まぬ「一枚岩」実践
- 将来の雇用不安
- 気になる子とのかかわり
- 教育観の合わない同僚とのかかわり
- 「ねばならない」思考への固執
- うつ病休職に伴う焦り
- キャリア不安の高校生とのかかわり

時々

“オニの心”が出る
教師のための

名城大学教授
曽山 和彦 著

10分間セルフカウンセリング

自己との対話で
イライラがなくなる

明治図書

は じ め に

　子どもが目を輝かせて学習に向かい，笑顔で友だちとかかわり合う姿は，教師であれば誰もが願う子どもの姿でしょう。18年間，担任として子どもの前に立っていた私も，日々願っていた姿です。このように幸せな子どもの姿が学校にあふれるには，教師自身のメンタルヘルス（心の健康）が良好であることが大切であると，私は思っています。

　教師が明るく，元気であれば，子どもはその姿を鏡のように，自分に反映します。「私の笑顔や上機嫌，ブスっとした顔や不機嫌等々，それらがみな子どもに伝染していた」ということが，担任時代を振り返るとよくわかります。

　2020年初頭から今に至るまで世界中を席巻し続けているコロナ禍は，学校現場にも多くの制限に伴う混乱を生み，そのことは，「人とかかわることによるストレス」とも称されるバーンアウト（燃え尽き症候群）として，教師の心に暗い影を落としているのではないかと推察されます。教育職員の精神疾患による病気休職者数が，ここ10年間，5000人前後（全教職員の0.5〜0.6％）で推移している（文部科学省．2020）という事実からも，教師のメンタルヘルスの悪化が危惧されます。

　「自分を責めてしまう」「何もかも放り出したくなる」「子ども・親・同僚等に八つ当たりしたくなる」等々の“オニの心”は，私たちの誰もが持ち合わせています。そうした心を鎮め，メンタルヘルスを良好に維持して教壇に立つにはどうすればよいのでしょうか。

　ストレス反応やバーンアウトの予防・軽減に関する先行研究を紐解くと，「自尊感情」に焦点を当てたものが多くあります。例えば，自尊感情とストレス反応の相関関係（負の相関）の高さを明らかにしたもの，つまり，「自

己評価の感情」である自尊感情の高い人は，「不機嫌・怒り感情」「抑うつ・不安感情」等のストレス反応が抑えられる傾向にあるということです。私自身も学位論文（曽山．2010）の中で，先行研究同様の知見を得ています。

　それゆえ，本書では，私たち教師自身のメンタルヘルス維持方策として，自尊感情に焦点を当てた次のようなアプローチを提言しようと考えました。

> ## 「言葉綴り」による　10分間　セルフカウンセリング

　この，「言葉綴り」「10分間」「セルフカウンセリング」という３つのワードに込めた私の想いを，以下，お伝えします。

＜言葉綴り＞

　私たちは，人とのかかわり，書物，映像，講演等を通して，多くの人の想いによって綴られた様々な言葉を文字・音声の形で届けられています。それらの中でも，自分のお気に入り・自分を支える言葉等があるのではないでしょうか。私にもそうした「宝」のような言葉がたくさんあり，私はそれらを日記やブログに日々，綴っています。

＜10分間＞

　「これはとても効果的だからお薦めです！」と言われても，その実践に時間がかかるようでは，なかなか「取り組みへの一歩」を踏めるものではありません。「10分間」ならば，１日の中でも，１週間の中でも，どこかで「気軽な一歩」を踏みやすいことでしょう。

＜セルフカウンセリング＞

　「この頃，気分が落ち込んで仕方がない。カウンセリングを受けたい」と思っても，クリニック等の「専門機関への一歩」を踏み出すのは，なかなか容易なことではありません。先に述べた時間的なことに加え，「専門機関」

という響きが，踏み出しを躊躇させている場合も少なからずあることでしょう。そうであるならば，「自分で，自分にカウンセリングをすればよいのでは？」という想いからの「セルフカウンセリング」です。カウンセリングについては様々な定義がありますが，本書は，師である國分康孝先生の定義；**「言語的および非言語的コミュニケーションを通して，相手の行動の変容を援助する人間関係」**（國分.　1980）を参考に論を展開します。

　つまり，本書で提言する，「教師が自尊感情を高めるための10分間セルフカウンセリング」の具体とは次のようになります。

　「言葉綴り（自分のお気に入り・自分を支える言葉を文字として綴る）」を通して「わたし」の自尊感情を高めるための「わたし」との10分間対話

　本書は2章構成であり，各章の概要は次の通りです。

【第1章　バーンアウトの現況と予防・軽減の具体方策】

１．教師に吹きつける厳しい「風」；教師が直面している困難さについて整理

２．バーンアウトという「病」の現状と私の実践；教師の精神性疾患を「バーンアウト」の視点で捉え，その現状を統計データにより確認するとともに，国が提示する予防策に準じた私自身の実践例を提示

３．バーンアウト予防・軽減のポイント〜私の研究から；私の研究知見から得たバーンアウト予防・軽減の基本を整理

４．自尊感情を高める「言葉綴り」〜守り紙は守り神；自尊感情にターゲットを絞ったバーンアウト予防・軽減策の具体を提言

【第2章　自尊感情を高める「言葉綴り」ワーク】

事例1〜15；私が出会った先生方のエピソードを，教育カウンセリング

の理論・技法により整理。自尊感情を高めるためのセルフケアシート；
「わたしの守り紙」枠も設定
事例16；ゼミ生の「言葉綴り」実践を紹介

　私がこれまでに出会ってきた多くの言葉は，「宝」として，「箱」に大切に
収めてあります。本書では，その宝のいくつかを取り出し，教育カウンセリ
ング理論・技法による「磨き」の作業に取りかかりました。その磨き上げた
私の宝を参考に，皆さん自身の宝を見つめ，想いとともに磨き直してみると
いうこと。その磨き直した宝が，時に「自分を責めてしまう」「何もかも放
り出したくなる」等の，“オニの心”を鎮め，私たちは，元気に仕事・生活
に向き合うことができるのではないか…そう思っています。

　日々，一生懸命，頑張っている私たちです。**「言葉綴りは想い綴り」**…
様々な想いによって綴られた言葉を今，ゆっくりと見直し，改めて自分の手
で文字に綴ってみる…。皆さん自身の手書き文字によって綴られる本書が，
いつも皆さん自身を応援する「宝箱」になります。泣きたいとき，倒れそう
なとき，そっと宝箱を開けてください。きっと皆さんの心が元気になり，笑
顔もあふれることでしょう。

令和３年初秋　少しずつ色づくキャンパス内の紅葉に癒やされながら

曽山　和彦

〈参考・引用文献〉
・國分康孝（1980）カウンセリングの理論　誠信書房　p.5
・曽山和彦（2010）学校不適応予防に向けたコンサルテーション活動に関する研究〜構成メン
　バーの特性抽出を中心に〜　中部学院大学大学院人間福祉学研究科人間福祉学専攻博士論文
・文部科学省（2020）令和元年度公立学校教職員の人事行政状況調査結果（概要）
　https://www.mext.go.jp/content/20201222-mxt_syoto01-000011607_00-2.pdf（2021.05.13閲覧）

もくじ

はじめに

第1章 バーンアウトの現況と
予防・軽減の具体方策

第2章 自尊感情を高める
「言葉綴り」ワーク

おわりに

第**1**章

バーンアウトの現況と
予防・軽減の具体方策

1 教師に吹きつける厳しい「風」

本項では，教師のメンタルヘルスを脅かす「厳しい風」のいくつかを分析・整理します。自然災害の台風も風速，気圧，予想進路等を分析することで備えることができます。私たちの心を守るために，まずは吹きつけてくる「風」のことを知ることから始めましょう。

（1）コロナ禍という「風」

2019（令和元）年12月以降，世界各国で吹き始めた「風」が新型コロナウイルス感染症（Coronavirus Disease 2019＝ COVID-19；コーヴィッド19）です。発生から１年半以上を経た2021（令和３）年６月時点においても収束の気配が見られず，社会経済活動はもとより，各種教育現場にも暗い影を落とし続けています。

国による初の緊急事態宣言は2020（令和２）年４月７日に発表があり，期間は５月６日まで（その後，31日まで延長。結果的に解除は25日）とし，東京都，神奈川県，埼玉県，千葉県，大阪府，兵庫県，福岡県の１都１府５県が対象地域とされました。私は愛知県の大学に勤めていますが，対象地域外であった愛知県は，独自の緊急事態宣言を４月10日から５月31日までとして発表しました（解除は国同様に25日。なお，愛知県は８月６日から24日までも同宣言を発表）。

このように拡がるコロナ禍の中，学校は2019（令和元）年度末から休校措置がとられ，卒業式，入学式も多くの学校で対面制限等の縮小開催を余儀なくされるとともに，学校再開も５月末から段階的に，地域の感染状況を鑑みながら…という状況に置かれました。本来であれば，桜の開花とともに，新学期の笑顔と活気であふれる学校が，まるでゴーストタウンのようにひっそりとスタートした2020（令和２）年度は，いつまでも忘れられない負の記憶として，子どもたちにも大人たち（親・教師）にも刻まれてしまったと言えるかもしれません。

私が勤務する大学においても，2019年度の卒業式，2020年度の入学式は，ともに中止となり，2020年度前期の講義は「原則は遠隔（リモート）」として実施されました。私を含め全学500名の教員中，それまで遠隔講義を実施してきた経験のある者は稀であり，多くの教員が資料・音声・映像等を駆使しながら，まさに試行錯誤を繰り返して半期15回の講義を進めました。参考までに，Fig.1には私の解説つき講義資料の一部，Pho.1には映像講義の一場面を紹介します。

　この間，通常の対面講義に比べ，数倍もの準備が必要となる遠隔講義を複数担当することで体調を崩す教員が多くいました。また，私たち教員以上に大変だったのは，学生たちであったと思われます。ほとんどの講義でレポート課題が出されたことにより，学生から，「連日，徹夜をしなければ追いつかない！」という苦情・悲鳴の声が大学の相談電話等に，多く寄せられたということもありました。

　全国各地の大規模大学は「2020年度後期講義も遠隔実施」というニュースがメディア等で流れましたが，私の大学は，三密回避等の感染予防対策を万全に講じ，原則対面講義を実施しました。それでも学生によっては感染不安の強い学生もおり，その場合には状況を考慮し，資料・音声・映像等による学修保障を確実に行うという対応をとらざるを得ませんでした。それゆえ，一つの講義を「ハイブリッド（混合）」，すなわち対面＆遠隔で行うことが常態化し，私たち教員の負担感はさらに増えたという感覚がありました。

　このようなコロナ禍という「風」が，ここまで吹き荒れ，記録的大型台風並の「暴風」になると，世界中の誰が予想したでしょうか。学校という場に限定するならば，私たち教師は，心がズタズタにされぬよう，これまでの「防風林」に加えた新たな「防風林」で風を防ぐ必要があるという認識を皆がもつときであると強く感じます。

特別支援教育とは

インクルージョン
（包括教育）の時代

☐　障害のある幼児児童生徒の自立や社会参加に向けた主体的な取組を支援するという視点に立ち、幼児児童生徒一人一人の教育的ニーズを把握し、その持てる力を高め、生活や学習上の困難を改善又は克服するため、適切な指導及び必要な支援を行うもの。平成19年4月から、「特別支援教育」が学校教育法に位置づけ。
https://www.mext.go.jp/a_menu/shotou/tokubetu/main.htm （文部科学省HP　20200421アクセス）

☆特殊教育とは、障害の種類と程度に応じ、特別の場(盲・聾・養護学校、特殊学級、通級指導教室)において教育を行う等により、手厚くきめ細かい教育を行うことを基本理念とした。
→　インテグレーション（統合教育）の時代

意義：障害があっても適切な教育により自立・社会参加が可能 　1

　「特別支援教育」について皆さんのイメージは？　そして，「自分は中高の教師を目指すのだから関係ない」と思っている人もいるのでは？　この二つの問いに関する事柄を本時は学んでいきましょう。特別支援教育が正式にスタートしたのは平成19年度からです。それまでは特殊教育と呼んでいました。なぜ，転換がなされたのか？　世界的な障害観の変化，なかなか進まない障害者理解，国内的には当時の養護学校，特殊学級等で学ぶ児童生徒の増加，加えて，通常学級に在籍する「気になる子」のサポート課題…等々があったと考えられます。その詳細については，文部科学省のHPにて確認するとよいでしょう。資料に示した特別支援教育の定義についてもHPで確認できます。以前の特殊教育は「特別の場」における教育と言えます。通常学級で学んできた皆さんとは異なる場できめ細かな教育を受けていた子どもたちがいたでしょう。それでも，時には，「音楽発表会」や「サツマイモ交流会」等々のイベント等で，学校や学級を越えて一緒に学んだことがあったでしょう。それを「インテグレーション」（統合教育）と言いました。それに対して現在の特別支援教育は，「個々の教育的ニーズ」に沿った教育と言います。まずは全ての子どもを包む（包括＝インクルージョン）。その上で，個々のニーズに応じて，特別支援学校や特別支援学級等で学ぶ子どももいるし，通常学級で学ぶ子どももいるということです。以前の特殊教育では，通常学級に在籍していた「発達障害」の子ども（LD，ADHDなど知的な遅れがない子ども）は，特殊教育の対象ではありませんでしたが，現在の特別支援教育では，彼らもまた対象です。皆さんが，小中高で学んだ通常学級にも「発達障害」あるいは，その傾向のある子が一緒に学んでいたでしょう。それゆえ，平成19年度以降は，全ての教師が特別支援教育を行うようになったということです。（特殊教育の時代は，通常学級の教師は，特殊教育を行っていません）そうしたことを踏まえ，「特別支援教育の意義」…つまり，「特別支援教育を行う価値・重要性」は，かかわる全ての教師が適切な教育を行うことで，障害のある児童生徒も自立・社会参加が可能になる点にあります。

Fig.1　「特別支援教育論」第2回目の遠隔講義の資料（一部）

Pho. 1 「特別支援教育論」第2回目の講義映像（一場面）

（2）新たな教育施策という「風」

　文部科学省（2021）は，令和3年1月26日，「『令和の日本型学校教育』の構築を目指して～全ての子供たちの可能性を引き出す，個別最適な学びと，協働的な学びの実現～（答申）」をまとめました。従来の日本型教育の成果と課題を整理したうえで，学校における働き方改革や，GIGA スクール構想の実現といった動きも加速・充実させ，新学習指導要領を着実に実施しながら，従来の日本型学校教育を発展させた新しい時代の学校教育を実現する必要があると示されており，私たち教師が今後向き合わねばならない「風」が前方から吹きつけてきていることを感じます。

　その「風」の具体は，上記答申の第Ⅱ部各論の中で「幼児教育」「義務教育」「高等学校教育等」「特別支援教育」「外国人児童生徒等への教育」ごとに提言されています。そして，全ての教育場面において提言されているものが，「6．遠隔・オンライン教育を含む ICT を活用した学びの在り方について（Fig.2）」「7．新時代の学びを支える環境整備について」「8．人口動態等を踏まえた学校運営や学校施設の在り方について」「9．Society5.0時代における教師及び教職員組織の在り方について」です。

　これら具体的な提言を俯瞰すると，一番に目に飛び込んでくるのが「ICT活用」という用語です。

・**ICT** の活用に当たっては，新学習指導要領の趣旨を踏まえ，「主体的・対話的で深い学び」に向けた授業改善にどのように生かされるか，実践を深めていくことが重要

・**ICT** はこれからの学校教育を支える基盤的なツールとして必要不可欠であり，日常的な活用が必要であるが，教師と児童生徒との具体的関係の中で，教育効果を考えて活用することが重要

・今般の新型コロナウイルス感染症のための臨時休業等に伴う**遠隔・オンライン教育**等の成果や課題については，今後検証を進める必要がある

・対面指導の重要性，**遠隔・オンライン教育**等の実践による成果や課題を踏まえ，発達段階に応じ，**ICT** を活用しつつ，教師が対面指導と家庭や地域社会と連携した**遠隔・オンライン教育**とを使いこなす（ハイブリッド化）ことで，個別最適な学びと協働的な学びを展開することが必要

**Fig. 2　「遠隔・オンライン教育を含む ICT を活用した学びの在り方について」
をもとにした筆者によるまとめ**

ICT（＝ Information and Communication Technology；情報通信技術）は通信技術を活用したコミュニケーションであることを考えれば，児童生徒に対して活用する以前に，教師自身が ICT を使いこなせるということが必要条件となります。

タブレット等の1人1台端末，電子黒板，YouTube，Google ドライブ等を活用した動画アップ＆ダウンロード，Zoom 等の Web ミーティングツール…等々について，まずは私たち教師が，手にしてみる・触れてみるという小さな一歩を踏み出すことの必要性を強く感じます。それは，「テクノストレス；コンピュータを扱うことが原因で起きる失調症状」という強い「風」に心がなぎ倒されないためにです。

（3）教師を厳しく叩く「風」

「不祥事ばかり起こして，教師として恥ずかしくないのか！」

「公務員のくせに何やっているんだ！」

等々の，厳しい「風」が耳元でビュービューと音をたてて吹きつけてくる…，昨今の様々なメディア情報に対し，私はそのような印象をもっています。こうした世間からのお叱りは，襟を正して受けねばならない憂慮すべき事実があることは確かです。

　文部科学省（2020）令和元年度公立学校教職員の人事行政状況調査についての「令和元年度公立学校教職員の人事行政状況調査結果（概要）」によれば，2019年度に懲戒処分（免職・停職・減給・戒告）・訓告等の処分を受けた公立小中高などの教育職員のうち，特に世間からの信用失墜になると思われる「わいせつ行為等」により処分を受けた者は全国で273人を数え，過去最高数値（282人）を記録した前年度に続いて多く，高止まり状況が続いています（Fig.3）。

（単位：人）

区分	年度	懲戒処分					訓告等	総計
		免職	停職	減給	戒告	合計		
交通違反・交通事故	元	36	26	58	84	204	2,283	2,487
	30	27	42	72	99	240	2,521	2,761
体罰	元	0	18	68	56	142	408	550
	30	0	13	73	55	141	437	578
わいせつ行為等	元 ※1	153 (121)	50 (5)	16 (0)	9 (0)	228 (126)	45 (0)	273 (126)
	30	163	57	18	7	245	37	282
個人情報の不適切な取扱い	元	0	0	5	11	16	297	313
	30	0	1	19	20	40	287	327
その他	元	24	63	90	64	241	813	1,054
	30	41	63	69	59	232	1,798	2,030
合計	元	213	157	237	224	831	3,846	4,677
	30	231	176	251	240	898	5,080	5,978

※1　わいせつ行為等の令和元年度の（　）は，児童生徒に対するわいせつ行為による件数で内数。

Fig.3　教育職員の懲戒処分等の状況

＊出典：「教育職員の懲戒処分等の状況（令和元年度）」（文部科学省）

https://www.mext.go.jp/content/20201222-mxt_syoto01-000011607_00-2.pdf

　もちろん，世の中に完璧な人間などいませんし，私たち教師も失敗やミスをまったくせずに子どもや保護者の前に立てるわけではありません。教師生

活がまもなく40年に届く私にしても，これまでどれほど多くの失敗をして周りに迷惑をかけてきたか数えきれません。それゆえ，「教師は失敗してはいけない」と言いたいのではなく，教師が厳に慎まねばならないのは，「道義的な責任を問われるような行為」，すなわち「懲戒処分に相当する行為」であると言いたいのだ，ということです。

　なぜなら，私たち教師には，子どもの「人格の完成」を目的（教育基本法第１条）に教育を行うという使命があるからです。この崇高とも言える使命を果たすには**「隗より始めよ」**。まずは，私たちが自らの人格を磨き上げねばなりません。今，吹きつけている「風」の勢いを止めるには，教師が世間からの信頼を得ることが必要となります。

　具体方策としては次の２点と考えています。

1．教師のバーンアウトを予防・軽減する

　教師であれば，誰もがハラスメント等の不適切行為を行えば処分を受けることなど，当然，頭では理解しています。では，なぜ理解しているのにもかかわらず不適切行為をしてしまうのでしょうか。

　それは心身ともに強いストレスにさらされ，「バーンアウト（燃え尽き症候群）」に陥り，言動の制御が利かなくなっているのではないかと推察します。そして，そうであるならば，バーンアウトを予防・軽減することで不適切行為が抑えられ，結果的に処分者が減るのではないでしょうか。

　（この推察に基づき，本書で提言するものが「言葉綴り」です）

2．頑張っている教師・よき実践を広める

　「人を育てる仕事」である教師という職業ゆえに，不適切行為に対する世間の目は厳しく，報道等でも大きく取り上げられることが多くあります。しかし，ごく一部の者のために教師全体がバッシングを受けるの

はとても残念なことです。

　全国各地で頑張っている教師，よき実践を重ねている教師はたくさんいます。そうした教師，実践を報道等でもっと取り上げていけば，世間が教師を信頼するのではないでしょうか（今，私は講演・執筆の機会に頑張っている先生方，よき実践を紹介しています。先生方，学校を応援するために，私ができることの一つです）。

〈参考・引用文献〉
・文部科学省（2020）令和元年度公立学校教職員の人事行政状況調査について
　https://www.mext.go.jp/a_menu/shotou/jinji/1411820_00002.htm（2021.05.13閲覧）
・文部科学省（2021）「令和の日本型学校教育」の構築を目指して〜全ての子供たちの可能性を引き出す，個別最適な学びと，協働的な学びの実現〜（答申）
　https://www.mext.go.jp/content/20210126-mxt_syoto02-000012321_2-4.pdf（2021.05.13閲覧）

2 バーンアウトという「病」の現状と私の実践

本項では，バーンアウト（燃え尽き症候群）について学校現場の状況を整理します。バーンアウトとは，**「仕事に情熱を傾け働き続けてきた人が精根を使い果たし，専心していた仕事を疎ましく思い意欲さえ失ってしまう，疲弊した状態像」**（新井．1999）と定義されています。

私が教壇に初めて立った約40年前には，私自身にも周りの先生方にも，それほど強く感じることのなかったバーンアウトです。

しかし，子どもや保護者の状況が以前とは大きく様変わりし，「オニの心＝好き勝手，わがまま等」（曽山．2010）に対峙することが多くなっている昨今，心がダメージを受けるのは十分にあり得ることです。それゆえ，教師であれば，誰もがかかる可能性のあるバーンアウトという「病」の現状と予防策について確認しておくことが大切になります。また，予防策ということでは，コロナ禍における私の「試み」の一つを紹介します。

（1）教師の精神疾患による病気休職者の状況

文部科学省（2020）による「令和元年度公立学校教職員の人事行政状況調査結果（概要）」の中に，「教育職員の精神疾患による病気休職者数」の数値が示されています（Fig.4）。この調査は，47都道府県及び20の指定都市の計67教育委員会を対象に実施したものです。この結果を見ると，うつ病等の精神疾患による病気休職者数は平成29年度以降，3年連続して上昇し，人数は過去最高の5478人を数えたことがわかります。

2020（令和2）年4月の新型コロナウイルス感染症による緊急事態宣言に伴う学校の休校措置により，登校できない子どもたちが多くのストレスを感じたであろうことは想像がつきます。それと同様に，子どもたちの学習保障に向け，対面授業に代わる遠隔授業実施を求められた学校・教師の多忙感・疲弊感もどれほどのことであったか…と胸が痛みます。

その学校現場の様々な混乱ぶりを鑑みれば，教師の多忙感・疲弊感はさら

に高まったであろうと推測されることから，2021（令和３）年12月に発表される病気休職者数もまた増加するのではないかと懸念されます。

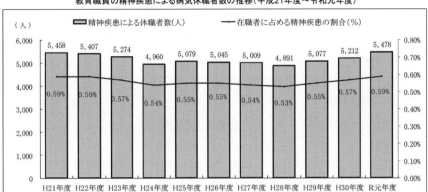

教育職員の精神疾患による病気休職者数の推移（平成21年度〜令和元年度）

Fig. 4　教育職員の精神疾患による病気休職者数
＊出典：「教育職員の精神疾患による病気休職者数（令和元年度）」（文部科学省）
https://www.mext.go.jp/content/20201222-mxt_syoto01-000011607_00-2.pdf

　文部科学省も，「業務量の増加や複雑化，職場の人間関係に加え，令和２年度以降には，新型コロナウイルス感染症対応の職務により，精神的な緊張や心身の過度な負担につながることも懸念される」と述べています。現在の学校現場は，教師がバーンアウトという「病」にかかりやすく，その結果，うつ病等の精神疾患を発症し，病気休職に至るマイナスのサイクルが生まれやすい状況にあるという認識を全ての教師がもつとともに，「病」への予防を心がけることが何よりも大切なのではないかと，私は考えています。

（２）バーンアウトという「病」の予防策

　猛威を振るい続ける新型コロナウイルス感染症の予防策として，三密（密閉・密集・密接）回避が提唱されています。こうした予防策をしっかりと講じれば，かなりの確率でコロナウイルスへの罹患を防ぐことが可能です。では，バーンアウトという「病」にかからないようにするにはどうしたらよいのでしょうか？

文部科学省は先の調査結果の分析を経て，次の対応策を示しています。

・改正給特法に基づく指針を踏まえて適正な勤務時間管理を徹底するほか，**学校における働き方改革の様々な取組**を総合的に推進
・女性活躍推進法等の改正を踏まえたパワーハラスメントなどハラスメントの防止措置の徹底
・校長等のラインによるケアや労働安全衛生管理の充実などメンタルヘルス対策の一層の推進
・精神疾患等の健康障害についての**相談窓口の整備**の促進
・過剰要求等に対して適切に対応するための弁護士等による法律相談体制の整備の促進 等

Fig.5　対応策 ＊下線・太字は筆者による

また，バーンアウトやメンタルヘルス研究の知見には，Fig.6のようなものがあります。

① 自分を援助してくれるかもしれない人のことを**「援助資源（リソース）」**という。幅広く目を向けて，安心して相談できる相手を見つけることが大切（諸富．2009）
② 一人で悶々と悩む教師が多い。教えることが仕事であるが故に，「甘え下手，助けられ下手」が影響しているのかもしれない（伊藤．2002）
③ 教師バーンアウトを防ぐには，**「ソーシャル・サポート（社会的ネットワーク）」**の中で行われる相互作用のうち，人々に対して支援するような性質をもつと認められたものを活用したい。サポートには，「道具的サポート；ストレスの解決に直接役立つような資源を提供したり，その資源について情報を与える」「情緒的サポート；ストレスに苦しむ人の情緒や自尊心，自己評価を高めるように働きかける」の二つがある（新井．1999）

Fig.6　バーンアウトやメンタルヘルス研究の知見 ＊下線・太字は筆者による

私は，これらの知見から「学校における働き方改革の様々な取組」「相談

窓口の整備」，各種研究知見の「援助資源」「ソーシャル・サポート」を参考に，「コロナ禍における教師のバーンアウト予防」実践を試みました（曽山．2021）。

＜ビデオ・オンデマンドによる週１回の校内研修応援映像配信＞

　学校が休校となっていた期間（４～６月），「子どもたちとの関係づくりに活かせること」「今，不安な自分の心への寄り添い方」等に関するテーマで30分の講義映像を Google ドライブにアップロードし，１週間に１本，計10本の映像を配信しました（Fig. 7）。

No.	テーマ	概要
01	今、できる　スリンプル・プログラム	かかわり制限下でのプログラムを提言
02	かかわりの糸を結ぶ3つの言葉～伝わる言葉の番付表：横綱・大関・関脇～	子どもへのかかわりの糸を結ぶ言葉かけの具体
03	今、できる　「縦糸」を織る○○タイム	教師と子どもの縦糸を結ぶ○○タイムの提言
04	学級づくりの意義・理論	学級づくりの基礎基本を整理
05	教師のメンタルヘルス	教師が元気に仕事をするための方策提示
06	「チーム学校」を創るための具体策	学校が一枚岩になるための具体方策提言
07	教室でできる特別支援教育	教室でできる特別支援教育の王道ステップ
08	今、学びたい！キャリア理論～「計画された偶然理論」～	私の体験をハプンスタンスアプローチで整理
09	自閉症支援に学ぶ　『今』の心の整え方	自閉症支援の基本で心の揺れの鎮め方を提言
10	今、できる　スリンプル・プログラム2	かかわり制限下でのプログラム提言2

Fig. 7　校内研修応援映像リスト

Pho. 2　映像07：「教室でできる特別支援教育」より

　配信先は，これまで全国各地の研修・講演で声をかけていただいた教育委員会・学校・個々の先生方です。「オンデマンド」とは「オン＝その都度。

デマンド＝要求」，すなわち，好きなときに繰り返して何度でも視聴できる映像教材であることから，多忙感を抱える先生方にとっては活用しやすいのではないかと考え，行った試みです。

　配信後，各地の先生方から届いた感想（一部）は次の通りです。

・かかわり制限により，教職員からは「チョーク＆トークの時代」に戻るのかといった言葉にならないもどかしさの訴えがあります。そうした折，先生の講義映像は力になり，元気が出てきました（石川県・中学校管理職）

・曽山先生の笑顔，話し方…目の前で講義をしてくださっているかのようでした。先生からやる気と元気をいただきました（福井県・教育委員会担当者）

・講義映像配信はすごく素敵な試みだと思います。先が見えず暗い気持ちになりそうな日々でしたが希望を感じました。できることがきっとあると思い，私も前向きな気持ちですごしていけたらいいなと思いました（愛知県・小学校教諭）

・本校でもオンライン配信で学習サポートを始めるということで不安や迷いを抱えている先生も多く，曽山先生の前向きな語りかけに皆さん勇気づけられた様子でした（岐阜県・高校養護教諭）

・コロナを前にどう進めていけばよいのか，先が見えないこの時期に大変ヒントとなる映像でした。毎回の配信を心待ちにしています（愛知県・小学校講師）

・感染症予防のことも念頭に入れて，具体的な方法まで教えていただき助かりました。こんな時期だからこそ，教師力 UP のために映像を配布していただいてありがたいです（山梨県・中学校教諭）

・映像で先生のお顔を拝見できて元気が出ました（愛知県・カウンセラー）

・先生の講義映像を拝見したことで前向きな気持ちになれました。今で

きることを頑張ります（山口県・小学校教諭）

・先生の講義映像を視聴して，「『私たちは何をやっているのだろう？』と目が覚めた」と，みんなで報告に来てくれました。「動画の内容に『あきらめるな』という温かいメッセージを感じる」等，動画の内容はもちろん曽山先生の姿勢に「自分たちも子どもたちのためにボヤボヤしていられない」と強い刺激を受けたようです（大阪府・中学校管理職）

・「話し合う授業は避ける」「グループワークをしない」「歌わない，楽器を吹かない」等，今まで自分たちがやってきたことを否定されるような毎日ですが，何か光が見えてきたような気がします（秋田県・小学校教諭）

・本市の学校も，この困難を乗り越えようと日々試行錯誤している中，先生の温かい30分動画に張り詰めていた心が緩んだ感じです（兵庫県・教育委員会担当者）

　各地の先生方の声として，「勇気づけられた」「光が見えてきた」「張り詰めていた心が緩んだ」…等の感想が届けられたことから，遠隔による映像であっても，「人を支える」「人を癒やす」ことが可能であり，バーンアウト予防策としての効果も示唆されたのではないかと捉えています。

〈参考・引用文献〉
・新井肇（1999）「教師」崩壊―バーンアウト症候群克服のために　すずさわ書店　p.18，p.165
・伊藤美奈子（2002）スクールカウンセラーの仕事　岩波書店　p.124
・曽山和彦（2010）時々，"オニの心"が出る子どもにアプローチ　学校がするソーシャルスキル・トレーニング　明治図書　p.4
・曽山和彦（2021）コロナ禍における学校・教師支援実践　名城大学教職センター紀要第18巻
・諸富祥彦（2009）教師の悩みとメンタルヘルス　図書文化社　p.94
・文部科学省（2020）令和元年度公立学校教職員の人事行政状況調査について
　https://www.mext.go.jp/a_menu/shotou/jinji/1411820_00002.htm （2021.05.13閲覧）

3 バーンアウト予防・軽減のポイント〜私の研究から

本項では，私が博士論文（曽山．2010）をまとめる際に検討した「教師のメンタルヘルスに影響を及ぼす要因」に関するデータをもとに，「バーンアウト予防・軽減」の基本的な考え方について整理します。

私は2007（平成19）年，大学教員になって以降，研究室の壁に『子ども・教師・保護者が元気になる研究をする』と書いた紙を貼り，自分自身の「立ち位置」を忘れないようにしています。その「立ち位置」から実践や研究を続けてきた成果が，「児童生徒のかかわりの力育成プログラム」（曽山．2019），「親から子への言葉のかけ方」（曽山．2017）等としてまとまってきています。

そして，本書は，先生方が元気に子どもたちの前に立ち続けることを願い，バーンアウトという「病」に陥らないための予防・軽減策を提言することを目的としています。私には，養護学校・教育委員会・大学における38年間の教員経験がありますが，その経験からの言葉が，より説得力を伴って皆さんに伝わるよう，アンケート調査から得られた客観データを本項にて紹介します。

（1）どのような研究を行ったのか？

学校において児童生徒を支える重要な環境要因の一つが教師です。教師が良好なメンタルヘルスを維持しているならば，学級集団，個々の児童生徒に対する良好な働きかけが期待でき，教育効果も上がることが推測されます。

そこで，教師のメンタルヘルス維持に向けた具体方策の指針を得るため，先行研究（以下）から，「自尊感情」「ソーシャルスキル」の2要因の高低がメンタルヘルスに影響を及ぼすのではないかという仮説を立て，アンケート調査を通して検討を行いました。

> **＜主なバーンアウト先行研究＞**
>
> ・八並・新井（2001）の研究
>
> 高等学校教師を対象。教師バーンアウト規定要因を検討し，多忙性を含めた教師の孤立性や協働性，あるいは管理職との葛藤という組織特性が強く作用していることを明らかにした。
>
> ・田村・石隈（2001）の研究
>
> 中学校教師を対象。指導・援助上の困難に直面した教師が同僚に助けてもらうこと（被援助志向性）に抵抗をもつ場合，バーンアウトを強く感じていることを指摘した。
>
> ・田村・石隈（2002）の研究
>
> 中学校教師を対象。自尊感情と被援助志向性の関係について検討し，自尊感情が低すぎても高すぎても周囲に助けを求めない可能性があること，助けを求めるにはほどよい自尊感情が必要であることを指摘した。

（2）対象者は？

公立学校教師135名（小学校教師95名，中学校教師40名）です。そのうち，収集したアンケートに欠損値のない131名（小学校教師94名，中学校教師37名）分のデータを分析対象としました。

男女別の内訳は，男性57名，女性74名。役職別の内訳は，管理職13名，担任教師92，養護教諭5名，担任外21名でした。

（3）行ったアンケート調査とは？

次に示す3尺度からアンケート調査を構成し，対象者に郵送・回答を求めました。

① 自尊感情の測定には，「Rosenberg（1965）自尊感情尺度」10項目を使用。自分自身に対する評価感情を測定するものであり，評定は4件法（まったくそう思わない：1〜いつもそう思う：4）で回答を求めました。得点が高いほど自尊感情が高いとしました。

② ソーシャルスキルの測定には，菊池（2007）の「KiSS-18」18項目を使用。対人関係を円滑にするスキルを総合的に測定するものであり，具体的には，「あなたの日頃の行動を考えたとき，以下の項目はどれくらい当てはまりますか」という教示に対して，5件法（いつもそうでない：1〜いつもそうだ：5）で回答を求めました。得点が高いほどソーシャルスキルが高いとしました。

③ バーンアウトの測定には，八並・新井（2001）の「バーンアウト尺度」18項目を使用しました。「情緒的消耗感」4項目，「脱人格化」7項目，「個人的達成感の低下」7項目の3つの下位尺度で構成されています。

情緒的消耗感とは，「自分自身の仕事によって伸びきった，あるいは疲れ果てたという感情であり，もう働くことはできないという気分のこと」であり，バーンアウトの中核を成す因子です。

脱人格化とは，「自分自身の世話やサービスを受ける人たちに対する無情な，あるいは人間性を欠くような感情や行動のこと」です。

個人的達成感の低下とは，「するべきことを成し遂げたという気分，達成の充実感に浸る気分が実感できなかったり，後退したりすること」です。

質問項目は，「あなたは最近6ヶ月くらいの間に，次のことをどの程度経験しましたか」というように回想法によって回答するようになっています。バーンアウトの状態を感じているほど得点が高くなるように設定された5件法（まったくない：1〜いつもある：5）の自己報告尺度です。

＊これら尺度の質問項目に関しては著作権の関係もあり本書にて示すことができませんので，p.31に記した文献をご覧ください。

（4）何が明らかになったのか？

　アンケート調査によって得られたデータを用い，統計的な処理による分析を重ねた結果，次のことが明らかになりました（統計データの詳細は後述します）。

---

① 　バーンアウトに対し，自尊感情，ソーシャルスキルの２要因が影響力をもつ。つまり，**自尊感情，ソーシャルスキルの数値が高い教師はバーンアウトの数値が低い**

② 　ソーシャルスキルよりも**自尊感情がバーンアウトに影響を及ぼす**

③ 　２要因には正の相関関係（中程度）がある。つまり，**自尊感情の数値が高い教師はソーシャルスキルの数値も高い**

④ 　バーンアウト，自尊感情，ソーシャルスキルのいずれにおいても，**「性」「校内役割」の差は認められない**

（5）「バーンアウト予防・軽減」の基本的な考え方

　得られた結果をもとに，「バーンアウト予防・軽減」の基本的な考え方を提言する前に，「自尊感情」「ソーシャルスキル」の定義を確認します。

　自尊感情とは，「自己に対する評価感情で，自分自身を基本的に価値あるものとする感覚」（遠藤．1999）と定義されます。よりわかりやすく言葉を置き換えるならば，「自分自身を大切に思うことができる・大事に扱うことができる」…そのような人が，「よりよい自尊感情の持ち主」と言えるのではないかと考えます。

　ソーシャルスキルとは，「対人関係を営む技術。すなわち良好に展開するためのコツ」（河村．2002）と定義され，「社会性〜人間関係を形成し，円滑に維持する能力」（渡辺．1999）とほぼ同義に捉えることができます。よりわかりやすく言葉を置き換えるならば，「子ども，保護者，同僚等の実態に合わせて適切にかかわることができる」…そのような人が，「よりよいソー

シャルスキルの持ち主」と言えるのではないかと考えます。

　以上のように，バーンアウトに影響を及ぼすことが示唆された２要因を捉えたうえで，次のように，「バーンアウト予防・軽減」の基本的な考え方を提言します。

○　**「自分自身を大切に思うことができる・大事に扱うことができるようにする」** ことで，自尊感情を高める。
○　自尊感情の高まりが，子ども・保護者等との「関係づくりの一歩」への背中の一押しとなり，かかわりの積み重ねという「学習」がソーシャルスキルの高まりにつながる。

　本書は上記の基本的な考え方に則り，第２章にて**「自分自身を大切に思うことができる・大事に扱うことができるようにする」**具体方策を提言します。

（6）統計データの詳細

○バーンアウトに影響を及ぼす要因の分析

　バーンアウトを従属変数とする重回帰分析の結果，自尊感情とソーシャルスキルのバーンアウトに対する影響は，決定係数が.32であることから，自尊感情とソーシャルスキルの2要因によりバーンアウトを32%の率で説明できることが明らかになりました。

　分散分析結果はF（2,128）=29.90で，1%水準で有意でした。標準偏回帰係数については，自尊感情（β =-.37）が有意な負の影響力（t= -3.81，p<.01），ソーシャルスキル（β =-.25）も有意な負の影響力（t= -2.56，p<.05）をもつことが示されました。

　係数の大きさから，バーンアウトに対してソーシャルスキルよりも自尊感情の方が大きな影響を与えていることが考えられました。「対人関係のコツ」であるソーシャルスキルよりも，「自己評価の感情」である自尊感情に対する働きかけの方が，バーンアウト抑制に影響を及ぼすということです。重回帰分析に基づくパス図を以下に示します。

　なお，先に算出した独立変数間の相関も示してあります。

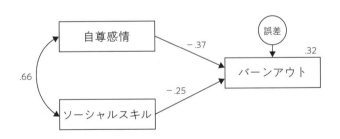

Fig. 8　重回帰分析に基づくパス図

＊ p<.05の投入基準で有意なパスのみを記載しました。図中の双方向矢印の数値はPearson相関係数，片方向矢印の数値は標準偏回帰係数（β），従属変数の右上に記載した数値は，決定係数（説明率）R^2です。

○自尊感情，ソーシャルスキル，バーンアウトの男女別平均値の比較
　結果から，自尊感情，ソーシャルスキル，バーンアウトの，全ての尺度間において，男女間に有意差は認められませんでした。

自尊感情，ソーシャルスキル，バーンアウト尺度の男女別平均値

	N	平均値	標準偏差	t 値
自尊感情				
男性教師	57	26.61	3.53	.56
女性教師	74	26.23	4.13	
ソーシャルスキル				
男性教師	57	58.46	7.89	.28
女性教師	74	58.91	9.76	
バーンアウト				
男性教師	57	45.54	9.34	.75
女性教師	74	46.74	8.91	

*p<.05，**p<.01

○自尊感情，ソーシャルスキル，バーンアウトの校内役割別平均値の比較
　結果から，自尊感情，ソーシャルスキル，バーンアウトの全ての尺度間において，校内役割間に有意差は認められませんでした。そのため，多重比較は行っていません。

自尊感情，ソーシャルスキル，バーンアウト尺度の校内役割別の平均値

	校内役割	N	平均値	標準偏差	多重比較
自尊感情	管理職	13	27.15	3.02	
	担任教師	92	26.33	3.94	
	養護教諭	5	27.00	4.42	
	担任外	21	26.10	4.10	

$F_{(3,127)}$ =.255

ソーシャル スキル	管理職	13	58.15	7.27
	担任教師	92	58.65	8.97
	養護教諭	5	58.00	6.40
	担任外	21	59.48	10.74
			$F_{(3,127)} = .08$	
バーン アウト	管理職	13	43.23	7.32
	担任教師	92	47.10	9.07
	養護教諭	5	41.20	6.14
	担任外	21	45.43	10.29
			$F_{(3,127)} = 1.33$	

$*p<.05$, $*p<.01$

〈参考・引用文献〉

・遠藤由美（1999）『自尊感情』 中島義明ほか編 心理学辞典 有斐閣 pp.343-344
・河村茂雄（2002）教師のためのソーシャル・スキル 誠信書房 p.2
・菊池章夫（2007）社会的スキルを測る：KiSS-18ハンドブック 川島書店 p.29
・曽山和彦（2010）学校不適応予防に向けたコンサルテーション活動に関する研究～構成メンバーの特性抽出を中心に～ 中部学院大学大学院人間福祉学研究科人間福祉学専攻博士論文
・曽山和彦（2017）かかわりの糸を結ぶ21の言葉―親から子へ 文溪堂
・曽山和彦（2019）誰でもできる！ 中1ギャップ解消法 教育開発研究所
・田村修一・石隈利紀（2001）指導・援助サービス上の悩みにおける中学校教師の被援助志向性に関する研究－バーンアウトとの関連に焦点をあてて 教育心理学研究 49 pp.438-448
・田村修一・石隈利紀（2002）中学校教師の被援助志向性と自尊感情の関連 教育心理学研究 50 pp.291-300
・八並光俊・新井肇（2001）教師バーンアウトの規定要因と軽減方法に関する研究 カウンセリング研究 34 pp.249-260
・渡辺弥生（1999）『社会性』中島義明ほか編 心理学辞典 有斐閣 p.365
・Rosenberg,M.（1965）『Society and the adolescent self-image』Princeton University Press,Princeton,N.J. 星野命訳 1970 感情の心理と教育（一，二） 児童心理 24 金子書房 pp.1264-1283, pp.1445-1477

4 自尊感情を高める「言葉綴り」〜守り紙は守り神

　本項では，バーンアウトという「病」に陥り，メンタルヘルスを悪化させないよう，「自分自身を大切に思うことができる・大事に扱うことができるようにする」…すなわち，自尊感情を高める具体方策を提言します。

(1) 想いを綴る「言葉綴り」

　私が本書で，皆さんに提言したいことを簡潔にまとめるならば，次のようになります。

> 　「誰かからかけてもらった言葉」「講演会・研修会で学んだ言葉」「本から学んだ言葉」「自分の中にひらめいた言葉」…等々で，心が元気になった言葉を，自ら綴る（手書き，ワープロ等）。

　私はこれまでの38年間の教師生活を振り返ると，「幸せだったなぁ」という想いが真っ先に心に浮かびます。もちろん，時には辛いことも悲しいこともありました。

　しかし，それらが深く，広く，心をむしばむことなく，むしろ自分を高める事柄として「昇華；物事がより高尚な状態に高められること（明鏡国語辞典）」したのは，23年前から毎朝4行の所定枠に書き綴っている「10年日記」（3冊め），12年前から毎晩書き綴っている3行ブログ「和（kazu）Style；http://kazuencounter.blog.fc2.com/」のおかげだと思っています。

　「言葉は言霊」と言われるように，言葉には私たちの「思考・行動・感情」をプラスにもマイナスにも変える大きな力があります。それゆえ，私はどちらも，極力ネガティブな言葉を綴らないようにし，また，綴ったとしても最後にはポジティブな言葉で終えるような文章綴りを心がけています。

（２）「言葉綴り」の具体例；私のブログから

　「言葉綴り」の具体を見ていただくために，私の３行ブログ「和（kazu）
Style」から３つの記事を紹介します（日記は誰かに見せるものではありま
せんが，ブログは私の想い・考え等を発信するツールでもあるので，ぜひご
覧ください）。

心守りの「御札」

難しい会議の前、私は心に「備えよ！」と言って聞かせています。
そうすると、様々な「矢」を防ぐことができています。私の心守りの
「御札」‥今、大学は悩ましい問題に直面中。「備えよ！」‥です。

今日のPOCKET；「心守りの『御札』がある」

　　　● 2020-11-09(19:21)：● <u>アラカルト</u>：● <u>コメント 0</u>：

枝雀師匠による救い

昨日のように「最高」と言える毎日ならよいのですが‥。今日は
「ふぅ」とため息がでる1日。そこで、枝雀師匠の「代書」をDVDで観て
今、大笑い。笑いが心を救う‥N．カズンズ博士の知見通り。

今日のPOCKET；「笑いには治癒力がある」

　　　● 2019-08-24(22:08)：● <u>アラカルト</u>：● <u>コメント 0</u>：

至高の景色

午前、つくば中央研修。250名を前に壇上から見えたのは「至高の
景色」。素晴らしい機会に感謝。午後は月曜に亡くなった叔父の仏前に
焼香のため桐生入り。子供の頃、可愛がってもらった叔父に感謝。

今日のPOCKET；「いろいろな人のおかげで今がある」

　　　● 2016-07-28(19:09)：● <u>教育・カウンセリング</u>：● <u>コメント 0</u>：

1つめ，2つめの記事は，内容的にはネガティブなものです。しかし，最終的には，自分が元気になる言葉で終えるようにしています。

　3つめの記事は，幸せな内容です。改めて読み直しても，幸せと感謝で心がいっぱいになります。

　私はこのように，日々の想いを言葉として綴り，特に「今日のPOCKET」として，短い言葉にまとめ，それを残しています。**「言葉綴りは想い綴り」**…たくさんの言葉が，今も私の心を支え，守ってくれています。

（3）「守り紙」は「守り神」

　私は小さい頃から仏前で手を合わせることを当たり前に育ってきましたので，神様や仏様の存在を信じていますし，だからこそ神社へのお詣りを大切に思っています。

　私は2004（平成16）年度に秋田県教育庁中央教育事務所，2005・2006（平成17・18）年度に秋田県教育庁特別支援教育課に勤務しており，3年間昼休みの散歩に合わせ，ほぼ休むことなく勤務先近くの神社にお詣りをしていました。そして，2007年11月10日，現在の勤務先である名城大学から「採用決定」通知が届いたとき，すぐにその御礼のため，神社にお詣りをしました。私が今，幸せな大学教員生活を送ることができているのは「御利益」と思っています。

　そのように神様や仏様を捉えている私にとっては，西行法師の次の歌（伊勢神宮参拝の折りに歌ったと伝えられる短歌）が心に深く刻まれています。

> 何事のおはしますをば知らねども　かたじけなさに　涙こぼるる

　目には見えないが，確かにそこにおられるということが感じられる存在に対し感謝して日々を過ごすということ。私は自分が何者をも恐れぬ傲慢な人間にならないように，この歌を心に綴っています。また，その言葉を忘れないように繰り返し，文字として日記やブログにも綴っています（以下，大き

な事故に遭い，1か月入院していた妻が退院した日のブログより）。

感謝の1日

本日午後、妻が退院。1ヶ月前、多くの管につながれ絶対安静だった
ことが信じられません。まさに、西行法師の「何事のおわしますをば
知らねどもかたじけなさに涙こぼるる」‥感謝しかありません。

今日のPOCKET；「守り神・守り人に感謝する」

◉2020-06-26(21:45)：◉<u>アラカルト</u>：◉<u>コメント 4</u>：

　このように，日記やブログに残す言葉は私を支え，守り，元気にしてくれ
るものです。そして，私の研究室に貼ってある，曹洞宗の開祖，道元の次の
言葉もまた私を奮い立たせ，元気にしてくれるものです。

> 　　この心あながちに切なるもの　遂げずと云ふこと　なきなり

　私はこの言葉に背中を押され，今も強い想いをもち，様々なことにチャレ
ンジを続けているところです。
　「守り紙は守り神」…私は，「誰かからかけてもらった言葉」「講演会・研
修会で学んだ言葉」「本から学んだ言葉」「自分の中にひらめいた言葉」等々
で，心が元気になった言葉を，忘れないよう，紙に綴っておくこと（手書き，
ワープロ等）を皆さんにお薦めします。心が元気をなくし，バーンアウトと
いう「病」を発症しそうになったとき，「言葉綴り」の紙を見る。そうする
ことで，私たちはきっとその「紙」に守られ，元気を取り戻すことができま
す。
　私たちは多くの目に見えない何かに守られた存在ですが，目に見える
「紙」によっても自分を守り，「自分自身を大切に思うことができる・大事に
扱うことができる」，すなわち，自尊感情を高めることができるのではない
かと思うのです。

（4）「後輩」からの守り紙

「誰かからかけてもらった言葉等を紙に綴る」ということが，本書の提言ですが，直接届けられた葉書，手紙，メール等ももちろん「守り紙」となります。その例の一つとして，「後輩」から届いた「感想」を紹介します。

2012（平成24）年6月29日，私は母校である群馬県桐生市立川内中学校から依頼を受け，全校生徒約100名への講演；テーマ「聴き上手・話し上手〜めざせ，人間関係の達人」を行いました。卒業以来約40年ぶりに訪れた母校に足を踏み入れると，当時の先生方や友だちの顔が思い浮かび，懐かしい気持ちでいっぱいになりました。また，生徒の話の聴き方がとてもよく，話し手の私にとって，50分があっという間に感じられた講演となりました。

後日，生徒から届けられた感想は，どれもみな嬉しいものでしたが，中でも特に私の心に残り，コピーして手帳に挟み，持ち歩いているのが，以下の感想です。

> ### 曽山先生へ
>
> 少ない時間でしたが，大事な話をありがとうございました。川内中出身の人が名古屋の大学でご活躍されているなんて，ぼくは誇りに思います。ぼくはどちらかというと，「聴き上手」になりたいと思いました。
>
> 今日は本当にありがとうございました。

私はこの後輩の言葉にどれだけ励まされ，元気をもらったかわかりません。辛いとき，悲しいとき，私の心を鼓舞する「守り紙」の一枚です。

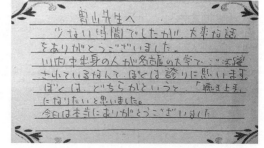

（5）恩師からの守り紙

　私の専門は，「特別支援教育」「教育カウンセリング」です。それぞれの分野でこれまで多くの先生方のご指導があったからこそ，成長できた私がいます。そうした先生方の中でも，人生の恩師と言えるのは國分康孝先生です。先生は2018（平成30）年４月にご逝去されましたが，私は約20年間，先生から教育カウンセリングをはじめとする様々なことを学ばせていただき，本当に幸せでした。

　先生のご指導を受けることがなければ，大学教員としての私が生まれることはなかったと思います。先生の思想・哲学・立ち居振る舞いの全てを範に，実践・研究を続けてきたからこそ今の私があります。

　先生は，私が書き上げた本をお贈りすると，必ず，手書きの言葉とともに葉書を届けてくださいました。また，先生からの年賀状には必ず温かなひと言が添えられ，毎年，先生のお言葉に触れることが楽しみでもありました。そのように，先生からいただいた葉書や年賀状の全てが私にとっての「宝」ですが，今こうして本を執筆する際の一番の「支え」となっているものが，先生からの次のお言葉です。

> 君の特色は「体験ベースの概念化」能力にある。この線でいくとよい

　「体験ベースの概念化」…私は，先生にいただいたこの言葉を常に忘れず，本を執筆しようと決めています。先生からの葉書や年賀状は全て，私を支え，守ってくださる「守り紙」です。

　いかがでしょうか？　今，私が，「これまで書き綴ってきた言葉」により，あるいは，「誰かからかけてもらった言葉」により，支えられ，守られ，元気で，幸せな日々を過ごしているように，皆さんも自分を「支える・守る言葉」「元気にする・幸せにする言葉」を綴ることをお薦めします。

第2章にて，私が全国各地で出会った先生方の事例を紹介します。15の事例，一つひとつの最後に，「わたしの守り紙」と題したセルフケアシート；「自由書き込み枠」を用意しましたので，手書き文字で埋めてみるというのはいかがでしょうか。

> ○事例を読み，「自分ならどうする？」と自己対話しながら，「心を支える・守る・元気にする・幸せにする」言葉を綴ってみる。
> ○時間は10分と定め，まずは気軽に取り組んでみる。

　この取り組みがセルフカウンセリングとなり，皆さんの自尊感情を高めていきます。どうぞ，ご自身の「守り紙」を綴ってください。

第2章

自尊感情を高める
「言葉綴り」ワーク

第2章の読み方

本章では，全国各地の校内研修等の機会に現場の先生方にかかわる中で見聞きした多くの「悩める」エピソードをもとにした15事例と，私のゼミ生のエピソードをまとめた1事例を紹介します。

1　同僚からの非難
2　生徒に褒めが効かない（1）
3　不登校傾向生徒とのかかわり
4　生徒に褒めが効かない（2）
5　子どもの成長が感じられない
6　予期せぬ異動
7　生徒の強い反抗
8　感情的に叱ってしまう
9　進まぬ「一枚岩」実践
10　将来の雇用不安
11　気になる子とのかかわり
12　教育観の合わない同僚とのかかわり
13　「ねばならない」思考への固執
14　うつ病休職に伴う焦り
15　キャリア不安の高校生とのかかわり
16　ゼミ生の「言葉綴り」実践

事例の中には，きっと皆さんが「あっ，私も同じように悩んだ」と感じるものもあることでしょう。その際には，そのとき皆さんがとった対処法とすり合わせながら事例をお読みください。一方，「私にはそのやり方はできないなぁ」と感じる事例もあることでしょう。その際には，「自分ならばこう

する」と考える対処法とすり合わせて事例をお読みください。

　それら２つのすり合わせによって定まる対処法は，この後の教師生活において皆さんの心を支え・守り，元気にし，幸せにする方策の１つ，２つとなることでしょう。なお，全国の先生方のエピソードからなる15事例については，本質が変わらぬようアレンジを加えながら，個人や学校等の特定ができないようにしています。

　15事例は，次の４つの柱で構成・展開します。
・○○先生の悩み＆出会った「言葉綴り」
　年代，性別等，様々な先生方が勤務する学校現場で遭遇した悩ましいエピソード，その時々に支えられたり，守られたりした言葉を綴ります。
・「言葉綴り」を支える教育カウンセリングの理論・技法
　教育カウンセリングとは，「教師が学校現場で活用できるカウンセリングの理論・技法」のことです。私がこれまでに学んだ様々な理論・技法により，○○先生が出会った言葉の意味・意義を整理・解説します。
・「言葉綴り」の具体活用
　悩める○○先生が，どのように「言葉綴り」を活用したのか具体的に紹介します。また，よりよい活用に向け，お薦め文献も併せて紹介します。
・10分間セルフカウンセリング　「わたしの守り紙」
　皆さんも，○○先生同様の悩みに出会ったことがあるかもしれません。そこで，皆さん自身がこれまでに出会い，「救われた，助けられた」と感じる言葉を思い出すために，10分間「わたし（自分）と対話」してみてはいかがでしょうか。あるいは，これまでそうした悩みに出会っていないとしても，今後出会うことがあるかもしれません。そのときには，○○先生の事例が参考になります。
　思い出した言葉や事例で紹介した言葉を，皆さん自身の手書き文字でセルフケアシート「わたしの守り紙」（書き込み枠）に綴ることをお薦めします。それらは「守り神」のようにいつも皆さんを守ってくれます。

① 大地先生(30代，小6担任) の悩み 「同僚からの非難」

　強いストレスが身体に大きなダメージをもたらした経験…僕はある出来事がきっかけとなり，胃痛に悩まされたことがあります。そんな僕が今，元気に教壇に立ち続けているのは，ある言葉によって「救われた」からです。

　僕は，研修で学んだ構成的グループ・エンカウンターを活用し，子ども同士の関係づくりに力を入れた学級経営をしてきました。ある年，成果のあった実践を論文にまとめ，学会誌に投稿したところ，賞をいただくことができました。多くの同僚からお祝いの言葉をかけられ，嬉しく思っていましたが，ただ一人，前担任X先生からは「いろいろな先生方の働きかけがあったからこそ子どもが成長したのでは？　本来なら共同論文でしょ？」と強く非難されました。X先生は「授業名人」として各地の研修講師を務めるほどの先生であり，憧れの存在であっただけに，大きなショックを受けました。論文の最後に「様々にご助言いただいた先生方に感謝いたします」等の一文があればよかったのかもしれません。「考えが足らず申し訳ありませんでした」とX先生に頭を下げましたが，「これからも一人で頑張ればいいでしょう」と，聴く耳はもっていただけませんでした。

　当時からブログを書いていた僕は，「あることで落ち込み。ガックリ」と悩みを綴ったことがありました。そのブログを，若い頃からの知人であったAさんがたまたま見たのでしょう。彼女から僕宛に次のようなメールが届きました。

　「絶対，大丈夫！」今まで多くの子どもに励ましの言葉や笑顔を届けてきた大地先生です。必ず，その子たちの感謝の想いが先生を守ってくれます。

1 教育カウンセリングの理論・技法；自己効力

　Aさんは当時，豪雨被害にあった地域在住。自宅から避難中の過酷な状況にあったにもかかわらず，悩める僕を励ますために届けてくれたメールの言葉に救われた思いがしました。

　Aさんのメールを印刷し，手帳に入れて持ち歩き，不安なときには読むようにしていました。そうするうちに少しずつ，僕は大丈夫だという思いがあふれるようになりました。Aさんの言葉が僕の「自己効力」を高めてくれた…Aさんに心から感謝しています。

> **自己効力とは**
> ・自分が行為の主体であると確信していること，自分の行為について自分がきちんと統制しているという信念，自分が外部からの要請にきちんと対応しているという確信（松田．1999）
> ・ある物事に直面したとき，「私はそれがきっとできる！」と自分に期待すること
> ・心理学の専門用語では「自己効力感」（self-efficacy）

　悩める人の自己効力を高める名人と言えば，マラソンの高橋尚子選手を育てた小出義雄監督ではないでしょうか。『君ならできる』（小出．2000）の中に，監督が高橋選手にかけた言葉が紹介されています。

「おまえは世界一になれる」
「おれ，おまえのファンになっちゃったよ」

　監督の「言葉のマジック」が，高橋選手の「私はできる」という自己効力を高め，シドニー五輪金メダルにつながったと，僕は思っています。

2 言葉綴り；絶対，大丈夫！

　今，学校現場には気になる子ども・保護者・同僚が以前に比べ，増えてきているように感じます。家庭や地域において，人と人がかかわる機会が減り，子どもも大人も周りの人とうまく折り合う力が身についていないように思えます。わずかな我慢ができず，相手にキレたり，関係を諦めたりする子どもや大人にかかわる教師が心身ともに疲弊するのは当然と感じます。

　僕自身，今ストレス源になっているのは仕事量の多さというよりはかかわりの難しさです。教師としては中堅の僕ですが，「うまくかかわれない」と感じる子ども・保護者・同僚が毎年のようにいます。それでも，以前のように強いストレスを抱えないで済むのは，**「絶対，大丈夫！」**という言葉を心に綴り，自分に期待する僕がいるからです。時に，自分への期待がグラっと揺れても，Aさんのメールや小出監督の言葉が揺れを止めてくれます。

　「絶対，大丈夫！」と自分に期待する僕であれば，かかわる子ども・保護者・同僚の前に笑顔で立てます。僕の笑顔がきっと周りに伝播すると信じています。

3 お薦め文献　これ一冊！

→『あなたは絶対！　守られている』. 浅見帆帆子. 幻冬舎. 2006

　Ａさんの言葉そのままの本です。読み進め,「いいなぁ」と思う箇所に付箋を貼ったら,本が「付箋だらけ」に。

　「お参りをして安心するように『自分は守られているから大丈夫』と思うことで安心感をもつことができる」。特に好きなフレーズです。

4 10分間セルフカウンセリング　「わたしの守り紙」

◇「同僚からの非難」という悩み経験があるなら

　「救われた,支えられた」言葉を10分間自分と対話しながら振り返る。振り返った言葉をセルフケアシート「わたしの守り紙」に綴る。

◇「同僚からの非難」という悩み経験がないなら

　本事例の言葉綴り**「絶対,大丈夫！」**をセルフケアシートに綴る。

　皆さんが綴った守り紙１は,皆さんの１柱目の守り神です。

〈参考・引用文献〉
・小出義雄（2000）君ならできる　幻冬舎　p.29, p.104
・松田惺（1999）『自己効力感』中島義明ほか編　心理学辞典　有斐閣　p.330

セルフケアシート

わたしの守り紙1

彰先生 (30代，中2担任) の悩み「生徒に褒めが効かない (1)」

「子どもを褒めて育てる」…多くの本に触れたり，研修会で著名な先生方の話に触れたりする中で，僕が教育信条としていた言葉です。

　小学校で10年勤め，学級経営にも授業にも自信がつき始めた頃，中学校に転勤となりました。担任となった中2のクラスは元気な男子が多く，活気あるクラスでした。そのクラスには，やや大人びた雰囲気のA子が在籍していました。A子は，男子はもちろん，女子のグループにも一定の距離をとり，一人で過ごすことが好きなタイプでした。A子はクラスの活気にも苦手意識を徐々に感じ始めたようで，5月の連休明けには笑顔が消えたり，休み時間に机に伏したりする姿が見られるようになりました。

　担任として，学級の全ての生徒を笑顔にしたいと思っていた僕は，A子のよいところを意識しながら，「○○してえらいね」「○○が上手だね」等，できるだけ「褒める」ようにしていました。

　すると，褒めれば褒めるほど，A子は「慰めはやめてください」「私がダメだから先生は褒めるんですか？」と，笑顔がさらに消えてしまいました。当時，褒めることが教育の万能薬のように思っていた僕ですから，A子への働きかけには大いに悩みました。そのとき，学年主任X先生から次のようなアドバイスがありました。

　「子どもを褒めて育てる」のは大ウソですよ。正式に言うと褒めが馴染まない年齢や段階があるということ。思春期の生徒には**「勇気づけ」**が効くかもしれません。

1 教育カウンセリングの理論・技法；勇気づけ

　子どもに対してかける褒め言葉は万能のように思っていた僕にとって，「褒めて育てるのは大ウソ」という言葉は衝撃でした。

　教育カウンセリングの研修や講演会に参加して学んでいるというX先生から，「勇気づけはアドラー心理学の重要概念」という話を聴き，また，『クラスはよみがえる』（創元社）の著者，野田俊作先生のご講演を聴く機会もあり，僕の中で少しずつ，アドラー心理学への興味・関心が高まりました。

勇気・勇気づけとは（諸富．2000）

・アドラーは「勇気」という言葉をしばしば著書の中で使っている。勇気とは，「進んでリスクを引き受ける能力」「失敗，非難，障害などの外部要因があったとしても，自尊心と所属感を失わないでいられる態度」「協力できる能力の一部」等である。

・「勇気づけ」という言葉を普及させたのは，高弟R.ドライカース。「勇気づけは，子どもが自分を信じることが増すのを目指している」

・「褒め」は賞や褒美と同類で，子どもが親の期待していることを達成したときに与えられる。「勇気づけ」は賞罰とは無縁であり，子どもが達成したときだけではなく失敗したときも，あらゆる状況で与えられる。

　勇気づけの言葉かけの具体例として，『嫌われる勇気』（岸見・古賀．2013）には「ありがとう，嬉しい，助かった」が紹介されています。これは事例4で紹介する親業の「プラスの**アイ**メッセージ」。

　そして，褒め言葉として使われる「すごいね」「えらいね」は「プラスの**ユー**メッセージ」。このように，アドラー心理学と親業の共通性に強く心を惹かれた僕です。

2 言葉綴り；ありがとう，嬉しい，助かった

　「褒める以外にどんな言葉をかければいいのか」と悩んでいた僕が，背中を押してもらえたのが勇気づけ。結果ではなく努力や向かい方に目を向け，僕自身の想いをA子に伝えるようにしました。

　「ありがとう」「嬉しい」「助かった」等，評価の言葉とは異なる勇気づけの言葉ゆえ，僕は躊躇することなく言葉を口にしやすかったですし，何よりも，A子は受け止めやすかったのだと思います。僕とのかかわりの中で笑顔も見られるようになりました。

　A子とのかかわりの失敗がなければ，僕はずっと「褒める」教師であり続けたことでしょう。しかし，「褒め」が効かない生徒に出会ったことで，**「勇気づけ」**に出会い，教師として成長できたと感じられたことが僕の財産になりました。

　皆さんは，子どもにかける言葉に悩むことはありませんか？

　僕が勇気づけられたアドラー心理学に言葉かけのヒントが様々にあります。

3 お薦め文献　これ一冊！

→『学級再生のコツ』. 諸富祥彦編著. 学研プラス. 2000

　アドラー心理学を活用した学級づくりの具体方策として，「褒め」と「勇気づけ」の違いを記した一覧表，ドライカースによる「目的志向的行動の概念図」などは，特に参考になります。「不適切な行動には必ず目的がある」として，「注目」「権力」「復讐」「無気力」の四つの目的を示し，それらに対する対処法が提言されています。

　例えば，「権力闘争の舞台から身を引く」という対処法の一つを知っていたおかげで，これまでどれだけ生徒とのかかわりの際，救われたか。感謝です。

4 10分間セルフカウンセリング　「わたしの守り紙」

◇「生徒に褒めが効かない」という悩み経験があるなら
　「救われた，支えられた」言葉を10分間自分と対話しながら振り返る。振り返った言葉をセルフケアシート「わたしの守り紙」に綴る。

◇「生徒に褒めが効かない」という悩み経験がないなら
　本事例の言葉綴り**「ありがとう，嬉しい，助かった」**をセルフケアシートに綴る。

　皆さんが綴った守り紙2は，皆さんの2柱目の守り神です。

〈参考・引用文献〉
・岸見一郎・古賀史健（2013）嫌われる勇気　ダイヤモンド社　p.204
・諸富祥彦編著（2000）学級再生のコツ　学研プラス　pp.23-25

セルフケアシート

<u>わたしの守り紙２</u>

3 啓輔先生(20代，中2担任)の悩み 「不登校傾向生徒とのかかわり」

　初任者研修を終え，教職2年目の僕は，初の担任（中2）ということで張り切っていました。学級のほとんどの生徒とはすぐによい関係づくりができましたが，不登校傾向のA男との関係はなかなかうまくいかず，「どうしたらいいのか」と悩みが深くなるばかりでした。

　ある朝，いつも以上に元気がなく，保健室に行ってベッドに潜り込もうとするA男に，「外は気持ちがいいぞ。5分だけ先生とキャッチボールしないか？」と声をかけてみました。

　最初は「えー」と渋っていたA男ですが，「A男はドラゴンズの岩瀬投手のファンだろ？　同じサウスポーなんだから岩瀬投手のように投げてみせてくれよ」と続けて声をかけたら，少し笑顔になり，「じゃあ，5分だけ」と言ってグローブとボールを持ち，校庭に出ました。

　「似てる，似てる，岩瀬投手のフォームに」「ナイスコントロール！」などと声をかけながら，約束の5分が過ぎました。「A男，キャッチボール，ありがとうな。先生は楽しかったよ」と声をかけて，校舎に戻ろうとすると，「先生，まだ授業が始まるまで時間があるから，もっとやろうよ」とA男。

　結局，5分の約束のキャッチボールが30分のキャッチボールになりました。顔もワイシャツも汗でびっしょりのA男でしたが，表情に元気さが戻り，そのまま教室に入り，1日いっぱい友だちと過ごすことができました。このとき僕は，大学の心理学講義で学んだ**「行動が感情をつくる」**という言葉を改めて強く自分の心に刻みました。

1 教育カウンセリングの理論・技法；ジェームズ＝ランゲ説

　野球好きな A 男は，僕と一緒にキャッチボールをして身体を動かしているうちに，マイナスだった気持ちが少しずつプラスに転じたのでしょう。

　僕自身も A 男とのキャッチボールで流れた汗が，それまで心に染みついていた A 男に対するマイナスの気持ちも一緒に流してくれたように感じました。

ジェームズ＝ランゲ説（James-Lange theory）とは（赤井. 1999）

・通常，情動体験は「何か怖いものを見て，恐怖を感じ，身体が震える」という過程をもつと考えられている。そうではなく，「何かを見て，身体が震えるから恐怖を感じる」という過程を考え，環境に対する身体的な反応こそが情動体験を引き起こす原因であると捉える説。

・この仮説は，ほぼ同時期に，W. ジェームズと C. ランゲによって提唱されたためこの名がある。

　「行動が感情をつくる」という言葉がより具体的なイメージとして心に飛び込んでくる名言があります。

　それは，フランスの哲学者アランが記した「幸福論」の中に登場する「幸せだから笑うのではない。笑うから幸せになるのだ」という一節です。僕はこの言葉をとても素敵な言葉と捉え，心の引き出しに大事にしまってあります。

　僕の周りには笑顔の素敵な先生方がたくさんいます。そうした先生方の周りには笑顔の子どもたちもまた集まります。「笑顔がさらにまた笑顔を引き寄せる」ということでしょうか。僕も幸せをたっぷり感じる教師になりたい。そのためには，いつも笑顔を大切に，と思います。

2 言葉綴り；行動が感情をつくる

　僕は，この**「行動が感情をつくる」**という言葉により，生徒に様々なことを教えることに対して少し自信がもてるようになりました。例えば，「ありがとう」の大切さです。以前から生徒には「誰かに何かをしてもらったら，『ありがとう』を言うことは大切だよ」と教えてきました。

笑うから
幸せになる！

　しかし，思春期特有の心の揺れから，何かと教師の言葉に反発する生徒もいて，「感謝の気持ちも湧かないのに，言葉だけ『ありがとう』を言っても仕方ない」と言う生徒もいました。そうした生徒を前にすると，「腰砕け」のようになっていた僕です。

　今の僕なら，生徒に次のように言うことができます。

　僕は何かをしてもらって感謝の気持ちが湧かない人などこの世にいないと思う。仮に，もし，感謝の気持ちが湧かない人がいるとするならば，それでも，『ありがとう』と口にすることはとても大事なことだと伝えたい。

　口に馴染むほどの「ありがとう」が，きっと感謝の気持ちを生み出すよ，と。

3 お薦め文献 これ一冊！

→『幸福論』. アラン. 串田孫一・中村雄二郎訳. 白水社. 2008

　日常的な場面の中に「幸福とは何か」を追究した名著とされ,「友情」の項の中に「笑うのは幸福だからではない。むしろ笑うから幸福なのだと言いたい」という有名な一節があります。

　いろいろなことが起こる人生ですが, このアランの言葉を忘れずにいれば, きっと幸福な人生を歩むことができる。そう思います。

4 10分間セルフカウンセリング 「わたしの守り紙」

◇「不登校傾向生徒とのかかわり」という悩み経験があるなら
　「救われた, 支えられた」言葉を10分間自分と対話しながら振り返る。振り返った言葉をセルフケアシート「わたしの守り紙」に綴る。

◇「不登校傾向生徒とのかかわり」という悩み経験がないなら
　本事例の言葉綴り**「行動が感情をつくる」**をセルフケアシートに綴る。

　皆さんが綴った守り紙3は, 皆さんの3柱目の守り神です。

〈参考・引用文献〉
・赤井誠生（1999）『ジェームズ＝ランゲ説』中島義明ほか編　心理学辞典　有斐閣　p.307
・アラン, 串田孫一・中村雄二郎訳（2008）幸福論　白水社　p.239

セルフケアシート

<u>わたしの守り紙3</u>

英治先生(30代，特別支援学校中2担任)の悩み
「生徒に褒めが効かない（2）」

　振り返れば，「大苦戦したなぁ」と苦い思い出になっているのが，〇年前に特別支援学校（病弱）中学部2年生を担任したときのことです。アトピー，ぜんそく等，様々な慢性疾患を抱えた生徒，しかも学びへの意欲がなかなか持続しにくい生徒を前に，当時の私が行っていたのは，**「褒めたり，叱ったり」**の働きかけのみ。しかも，いつも**「ここで褒めたらいいのか，叱ったらいいのか」**と迷ってばかり。そのような状況ゆえに，どの言葉も思春期まっただ中の生徒には「届かなかったなぁ」と残念な思いしか浮かんできません。教員として10年の経験を経て，日々の実践・研究に対し，自信をつけていた当時の私でした。そうした私の，独りよがりの自信が木っ端みじんに打ち砕かれた年…忘れもしない20XX年のことです。

　このエピソードだけを見れば，20XX年は私にとって，「どん底」とも言える1年です。しかし，「底」に沈んだからこそ，海底を蹴って浮かび上がるチャンスも私の元に届けられたのかもしれません。当時，勤務校では，不登校傾向生徒への対応を学ぶため，「教育相談・カウンセリング」に関する内容（話の聴き方のロールプレイ等）の校内研修が行われることが多くありました。様々な理論や技法に強く惹かれた私は，大学院派遣に応募・受験をし，大学院での専門的な学びの機会を得ることができました。

　「不登校」を研究テーマに据えた私が，多くの理論や技法に触れる中，最も心を動かされたのが，T.ゴードンが提唱した「アイ（わたし）メッセージ」でした。「私」を主語にして**私自身の感情・想いを相手に伝える**…今までの私にはまったくなかった発想であり，「これを思春期の生徒に使ってみたい」と強く思いました。

1 教育カウンセリングの理論・技法；アイ（わたし）メッセージ

独りよがりの自信にあふれた私の目が開かれたのは，思春期まっただ中の生徒とのかかわりに悩んだからです。その悩みがなければ，私は教師として天狗になっていたことでしょう。

そして，「アイメッセージ」に出会うこともなく，教師としての引き出しは少ないままだったに違いありません。

アイ（わたし）メッセージとは（ゴードン. 2002, 近藤. 1993）

「私が感じているのは…」「私が考えているのは…」など，「私」の思いを語るという意味で「アイメッセージ」。文脈に「私」が入るアイメッセージは，相手の行動について自分がどんな影響を受け，それについてどう感じたかを伝えるだけであり，相手にどうしろと指示や命令を出していない。それゆえ，相手は自分自身の行動についての判断を任されることになり，その経験の積み重なりが成長につながると考える。

＜プラスのアイメッセージ例＞

　○○してくれて，「ありがとう」「嬉しい」「助かった」等

＜マイナスのアイメッセージ例＞

　○○なので，「困る」「悲しい」「残念」等

　一方，「私」の思いを語らず，相手の行動のみについて語るのが「ユーメッセージ」。文脈に「あなた」が入る。

＜プラスのユーメッセージ例＞

　○○して，「えらい」「すごい」「上手」等

＜マイナスのユーメッセージ例＞

　○○して，「うるさい」「ダメだな」「ちゃんとやれ」等

世の大人は，子どもたちに，縦の関係で使いやすい「ユーメッセージ」を多用するがゆえ，特に思春期の子どもは「カチン」とくるのかもしれません。

2 言葉綴り；自分の感情・想いを伝える

「かかわりの中で，プラスやマイナスの**自分の感情・想いを伝えればよい**」。これは『親業』の理論から学んだことです。

私は4月の学級開きでは必ず授業中のルールを伝えています。最も大切にしているのが話を聴くというルール。生徒は仲の良い友だちとはつい私語をしがちです。そのとき，私は「後ろの人たち。話がしにくくて困るのだけど（マイナスのアイメッセージ）」等の言葉をかけるようにしています。すると「先生，ごめんなさい」と素直に謝り，学びに向き合える生徒がいます。

授業感想に「先生は優しいだけではなくけじめがあり，授業の雰囲気がピリッとする。でも窮屈な感じではないのはルールを破ったときの声のかけ方が嫌な言い方ではないから」と書いてくれる生徒がいます。また，「先生の授業で何が嬉しかったかというと，たくさん『ありがとう』と言ってもらったこと」と書いた生徒もいました。

アイメッセージを学ぶ前の私であれば，様々な生徒の行動に対して，叱ったらいいのか，褒めたらいいのか，きっと迷いながら教壇に立っていたことでしょう。

「自分の感情・想いを伝えればよい」という，心に綴ったこの言葉があるから，私は，生徒との様々なかかわり場面でのストレスが減ってきているのだと感じます。

3 お薦め文献　これ一冊！

→『親業』．T．ゴードン．近藤千恵訳．大和書房．1998

　アイメッセージをもっと深く学びたい方には，必ず，推薦したい本です。「親業」に関する著書は，多くの先生方が執筆されていますが，まずは「本家本元」から手にすることをお薦めします。

　時を超え，ゴードン博士と「対話」するような至福の時間をぜひ，おもちください。

4 10分間セルフカウンセリング　「わたしの守り紙」

◇「生徒に褒めが効かない」という悩み経験があるなら

　「救われた，支えられた」言葉を10分間自分と対話しながら振り返る。振り返った言葉をセルフケアシート「わたしの守り紙」に綴る。

◇「生徒に褒めが効かない」という悩み経験がないなら

　本事例の言葉綴り**「自分の感情・想いを伝える」**をセルフケアシートに綴る。

　皆さんが綴った守り紙4は，皆さんの4柱目の守り神です。

〈参考・引用文献〉
・近藤千恵（1993）「親業」に学ぶ子どもとの接し方　企画室
・T．ゴードン，近藤千恵訳（2002）ゴードン博士の人間関係をよくする本　大和書房

わたしの守り紙4

⑤ 響子先生(20代，小1担任)の悩み 「子どもの成長が感じられない」

　私は小学校教師として，5年間ずっと低学年を担当してきました。そして，今年も1年生の担任として，これまでの経験を活かしながら学級経営を進めて半年。しかし，子どもたちが「伸びた，成長した」という実感を得ることができません。

　「5年間，わりとうまくやれていたのに，今年はなぜうまくいかないのだろうか」と悩むうちに，これまで少しずつ私の中に蓄えられてきていた教師としての自信がすっかり打ち砕かれてしまいました。

　夏休み中，大学時代の恩師と，ある研修会で偶然に再会した際，今の悩みを打ち明け，相談に乗ってもらいました。恩師に話を聴いてもらうだけでも心は落ち着きましたが，恩師の言葉が私に自信を取り戻してくれました。

　教育は登山と同じ。一緒に頂上を目指す子どもが登山道を軽快に登ることもあれば，寄り道したり，座り込んだりすることもある。「早く頂上に行かなくちゃ」というはやる気持ちを抑え，時には，子どもと一緒に立ち止まり，そこで見える景色を楽しむことも大切。頂上ばかりを見つめての登山は楽しくない。子どもも私たち教師も，その時々に，**「今見ている景色を楽しむ」**登山ならきっと笑顔があふれる。

　恩師の言葉の中で，特に，私が心に刻んだのは，**「今見ている景色を楽しむ」**という言葉でした。

1 教育カウンセリングの理論・技法；例外探し

　教師が活用しやすいカウンセリング理論・技法の一つに「ブリーフセラピー」があります。ブリーフ（brief；短期の）は，「治療時間が無制限ではなくて，意図的・合理的に用いられること」を意味します。

「問題解決のために変化を志向する」

「病理ではなく肯定面に焦点をあてる」

「現在および未来を志向する」

という基本理念に基づき，クライエントとカウンセラーができるだけ協力して，効率的な問題解決を目指すものです。

　このブリーフセラピーの中に，「例外探し」という技法があります。私が恩師に学んだ今見ている景色とは，例外探しの「例外」に相当すると考えられます。

例外探しとは

・例外とは「すでに起こっている解決の一部。あるいは例外的に存在している解決の状態」（森．2000）のこと。例外探しとは，すでにそこにある解決の部分部分を一つずつ拾い集めていく作業。例えば「引きこもりで部屋からずっと出てこない」というケースの場合，「夜中にコンビニまでゲームのマニュアル本を買いに行くこともある」というのは例外。

　私たち教師は，「伸びていない，成長しない」と感じられる問題に目が向きがちで，それを何とかしようとして悩みを自らつくり出していることが多いのかもしれません。どのような状況であれ，問題が100％を占めていることなどありません。

　たとえわずかでも，問題ではないこと，すなわち例外があります。その例外に目を向ける…メンタルヘルス維持にとても大切なことです。

2 言葉綴り；今見ている景色を楽しむ

　恩師のアドバイスを受けた後，半年間の学級・子どもたちの様子を改めて振り返ってみることにしました。「4月の頃はあの子たち，落ち着かなかったなぁ。でも，今は椅子に座って勉強しているし…」「お互いすぐに手を出して怪我をするケンカも多かったけど，今は口で言い合うケンカになってきた…」等々。今できていること，やれていることは，確かに入学した頃に比べれば格段に増えていました。

　それを見逃し，「もっとできる，やれる」と思いすぎ，子どもの背中を，「ほら，急いで」とせき立てるような私がいたのだなぁと反省しました。

筆箱に鉛筆や消しゴムをしまえるようになったA君えらいよ！

　今見ている景色に焦点を当て…例えば，「みんな，きちんと勉強できるね。えらいね」と言葉をかける私でいよう…そう思ったら，これまで子どもたちと半年間頑張ってきた私にもOKと言えるようになりました。

　子どもたちと私が**「今見ている景色を楽しむ」**ことができたならば，きっと，私たちは頂上に向けた次の一歩を一緒に踏み出すことができる…そうも思いました。

3 お薦め文献　これ一冊！

→『指導援助に役立つスクールカウンセリング・ワークブック』．黒沢幸子．
　金子書房．2002

　黒沢先生の著書はとても読みやすいです。一つひとつの事例がイメージし
やすく，自分がかかわる子どもたちに「これも試してみようかな」と思える
ものがたくさんありました。「リソース（資源，財産），リソースと呪文のよ
うに唱えよう」という言葉が強く印象に残ります。

　「Question & Work」「Answer」「Exercise」の各コーナーを読み・書き進
めると，自然に各種の相談技法に馴染んでいる自分がいます。ブリーフセラ
ピーの実際に触れるために，お薦めの一冊です。

4 10分間セルフカウンセリング　「わたしの守り紙」

◇「子どもの成長が感じられない」という悩み経験があるなら
　「救われた，支えられた」言葉を10分間自分と対話しながら振り返る。振
り返った言葉をセルフケアシート「わたしの守り紙」に綴る。

◇「子どもの成長が感じられない」という悩み経験がないなら
　本事例の言葉綴り**「今見ている景色を楽しむ」**をセルフケアシートに綴る。

　皆さんが綴った守り紙5は，皆さんの5柱目の守り神です。

〈参考・引用文献〉
・森俊夫（2000）先生のためのやさしいブリーフセラピー　ほんの森出版　p.70

<u>わたしの守り紙5</u>

事例

6

稔先生（40代，教育委員会指導主事）の悩み「予期せぬ異動」

　私は子どもが好きで教師になり，教職経験20年を超え，「やりがい・生きがい」を強く感じていました。「よーし，これからもいい学級をつくるぞ！」と意気込んでいた年度末，突然の教育委員会への異動内示がありました。

　「えっ，子どもと離れることになるのか？」…校長から話を聴いた瞬間，何とも言えない気持ちになったことを今でも覚えています。そして，年度が改まり，子どものいない職場に勤めて，1月経ち，2月経ち，それでもなかなか気持ちが切り替わることはありませんでした。

　そのとき，ある研修会に参加して出会ったのが，「プランド・ハプンスタンス・セオリー（計画された偶然理論；以下偶然理論）」です。

　「計画」「偶然」という相反する言葉が組み合わせてあるのですから，「どんな理論なのかな？」とはじめから強く興味を惹かれました。偶然理論のキーワードは，**「偶然がキャリアをつくる」**ということ。そして，キャリアとは「生き方・あり方」のこと。

　つまり，「今回の偶然の異動が，私自身のキャリアをつくることになるのかもしれない」「人生はたまたまや偶然によってつくられるのか」と思うと，「いつまでもくよくよ悩むことをやめる」と自分に言い聞かせることができるようになりました。

1 教育カウンセリングの理論・技法；計画された偶然理論

考えてみれば，私の50年近い人生の様々なことは「偶然，たまたま」によって左右され，定まってきたのだなぁと思います。東北生まれ・育ちの私が東京の大学に入学したのは，地元の国立大学受験に失敗したからです。

また，東京に出なければ，妻に出会うこともなかったのですから，まさに「ハプンスタンス（偶然）」のおかげで，今の私があると言えます。

> **計画された偶然理論（Planned Happenstance Theory）とは**
> ・従来の「デザインプラン」重視のキャリア理論へのアンチテーゼとして，1999年，クランボルツ（曽山．2008）が提唱。
> ・数百人のビジネスパーソンのキャリア分析から，「キャリアの80%は予期しない偶然の出来事によって形成される。それゆえ，人生の早い段階で予測不可能な未来を計画することは困難」「偶然の出来事を意図的に生み出すよう，積極的に行動することが大切」と整理した。

クランボルツの理論を，わかりやすく解説した本が『偶キャリ。』（所．2005）です。偶然の出来事から自身のキャリア（生き方・あり方）をつくった10人にインタビューして，偶然に出会うための共通因子を5つ抽出しています。キャリアをつくる偶然は待っていてもやってくるものではありません。

10人はどのように偶然に出会い，その偶然を活かしたのでしょうか。5つの共通因子は次の通りです。

① 直感を重視する	② 「他者実現」という価値観をもつ
③ 他者に心を開く	④ 楽しむ
⑤ とりあえず動く	

2 言葉綴り；偶然がキャリアをつくる

　教師という仕事，生活等，それらを含めキャリアプランを立てている方もいらっしゃることでしょう。「〇年後には〇〇をして〜」という自己分析，自分に合う人生設計の全てが悪いわけではありません。そのプラン通りにうまくいく方もいらっしゃることでしょう。ただ，私自身は，なかなかプラン通りにはこれまでの人生を歩んでこなかったということもあり，「偶然，たまたま」を重視するクランボルツの理論に強く惹かれています。

　望んだことではなく，まったくの偶然で教育委員会に異動になったからこそ，教育カウンセリングに関心の目が開かれ，「教育カウンセラー」「学校心理士」「ガイダンスカウンセラー」などのカウンセラー資格取得に気持ちが動いたのだと思います。定年退職後，こうしたカウンセラー資格が私の新たなキャリアをつくる手助けをしてくれるのではないかと，そんな期待も今では湧いてきています。

　仕事であったり，人との出会いであったり，どんな偶然がこれからも目の前に現れるかわかりません。偶然に出会いやすいアンテナの精度を高めながら，これからも出会う偶然を楽しみに待ちたいと思います。

私のキャリア不安を断ち切ってくれた偶然理論，いかがですか？　皆さんのこれからのキャリアを考える際，きっと参考になります。

3 お薦め文献　これ一冊！

→『その幸運は偶然ではないんです！』．J.D. クランボルツ，A.S. レヴィン．花田光世ほか訳．ダイヤモンド社．2005
　「訳者あとがきにかえて」に，自分のキャリアが不安なのにどうしていいかわからない「普通の人たち」にこそ，いろいろなチャンスが身近に転がっている，皆さんはチャンスに囲まれている，それをつかまえよう，そういうメッセージにあふれた本，とあります。この言葉一つに私は心を動かされました。皆さんの心はいかが？

4 10分間セルフカウンセリング　「わたしの守り紙」

◇「予期せぬ異動」という悩み経験があるなら
　「救われた，支えられた」言葉を10分間自分と対話しながら振り返る。振り返った言葉をセルフケアシート「わたしの守り紙」に綴る。

◇「予期せぬ異動」という悩み経験がないなら
　本事例の言葉綴り**「偶然がキャリアをつくる」**をセルフケアシートに綴る。

　皆さんが綴った守り紙6は，皆さんの6柱目の守り神です。

〈参考・引用文献〉
・曽山和彦（2008）『クランボルツ』　國分康孝監修　カウンセリング心理学事典　誠信書房
　p.508
・所由紀（2005）偶キャリ。経済界　pp.222-227

セルフケアシート

わたしの守り紙６

7 康子先生(40代，中2担任)の悩み
「生徒の強い反抗」

　「生徒は教師を試す」，これは中学校教師を20年以上続けてきた私の実感です。生活的に厳しい家庭状況ゆえに，担任の私に反抗的な態度をとり続けたA男。過干渉な親に嫌気がさし，深夜徘徊等，問題行動を繰り返したB子。彼らは「どうせ最後は先生も私を見捨てるよね」と，大人への強い不信感が共通して根底にあったように思います。

　県外から転入し，最初はとても礼儀正しい子を演じていたC男も同様。一週間も経たないうちに，教室抜け出し，「死ね，夜露死苦」と黒板への落書き等，様々な問題行動を見せるようになり，私はその都度，C男を追いかけたり，叱ったり…という毎日が続きました。若いときの私であれば，生徒の頻繁な問題行動を前に，「いつまでも指導を聞き入れないならばもう知らない。勝手にしなさい」と諦め，生徒を見捨てたことでしょう。

　しかし，私がC男に手を焼きながらも，かかわりを諦めなかったのは，以前，水谷修氏（夜回り先生）のご講演で学んだ**「子どもは大人から愛されれば愛されるほど非行から遠ざかる」**という言葉を覚えていたからです。

　夜を徹して街中を回り…深夜徘徊等，家に帰らない子どもたちに声をかけ続けた水谷氏の言葉ゆえに，私はその言葉を信じ，大切にしようと決めました。抽象的な「愛する」という言葉を具体的にするならば，「褒めること」「認めること」「叱ること」等，とにかく言葉をかけるということになるでしょう。

1 教育カウンセリングの理論・技法；ストローク・バンク

　A男，B子，C男は皆，寂しかったのだろうと思います。揺れる心を受け止め，その揺れを止めてくれるほどの言葉をかけてほしかったのではないか，と，今ならば振り返ることができます。

　マザー・テレサの言葉；「愛の反対は無関心」に学ぶならば，彼らは「勝手にしろ」と投げ出されるのではなく，問題行動に対しても関心をもち，叱ってほしいという思いもあったのでしょう。にもかかわらず，多くの大人は，彼らの問題行動だけに目をとられ，心に目を向けることがなかったと言えるのかもしれません。

　さらに，彼らの心の「ストローク・バンク」は赤字で倒産寸前だったと言えるのかもしれません。

ストローク・バンクとは

・ストロークとは「相手の存在や価値を認めるようなさまざまな刺激」（杉田．1990）のこと。「言葉を使う・使わない」「プラス・マイナス」等の組み合わせにより様々なストロークがある。
　例えば，「笑顔で微笑む」は相手への「言葉を使わないプラスストローク」であり，「大声で叱る」は相手への「言葉を使うマイナスストローク」。人は誰もがこのようなストロークを心に貯めた銀行（ストローク・バンク）をもっているという考え方。

　今，皆さんの「銀行の預金高」はどうですか？

　黒字ならば，私たちは子どもたちに多くのストロークを渡すことができます。また，子どもたちの気になる言動をさらりと受け流す心の余裕もあるはずです。それゆえ，私たちは日々，自身の預金高をチェックし，赤字に陥らないよう気をつけましょう。

2 言葉綴り；愛されれば愛されるほど非行から遠ざかる

「**（子どもは大人から）愛されれば愛されるほど非行から遠ざかる**」という水谷氏の言葉を胸にＣ男との日々のかかわりの中，褒めたり，叱ったりを繰り返していた私です。

その間，Ｃ男の笑顔にも，ふてくされた顔にもたくさん出会いました。やがて，「諦めない，見捨てない」という私の想いが少しずつ届くようになったのでしょう。

Ｃ男と私のかかわりの糸は太くなり，年度の終わりには，「来年も康子先生が担任してくれる？　また，先生と一緒のクラスがいいなぁ」などと，可愛いことを口にするようになりました。

私はＣ男から，子どもを愛するということは，「褒める・叱る・認める」等の言葉をかけ続けることなんだと，改めて学んだように思います。

3 お薦め文献　これ一冊！

→『愛のストローク療法』．近藤裕．1997．三笠書房

「ストロークは含蓄のある言葉で，なかなかぴったりした日本語がないのですが，あえてひと言で訳すと『ふれあい』という言葉になると思います」…著者の近藤氏はこのように述べられています。

これまで私たちが受けてきたストローク（＝与えられた『ふれあい』）を確認するための，「ストローク・チェックシート」（上記文献 p.25），私たち自身の「ストローク・バンク」の預金高を確認するための，「私のストローク・バンク帳」（上記文献 p.47）の活用がお薦めです。

著書の帯に記された，「言葉で愛を伝えていますか」「態度で愛を育てていますか」…とてもよい言葉であり，私の引き出しに入れてある言葉です。

4 10分間セルフカウンセリング　「わたしの守り紙」

◇「生徒の強い反抗」という悩み経験があるなら

「救われた，支えられた」言葉を10分間自分と対話しながら振り返る。振り返った言葉をセルフケアシート「わたしの守り紙」に綴る。

◇「生徒の強い反抗」という悩み経験がないなら

本事例の言葉綴り**「愛されれば愛されるほど非行から遠ざかる」**をセルフケアシートに綴る。

皆さんが綴った守り紙7は，皆さんの7柱目の守り神です。

〈参考・引用文献〉
・杉田峰康（1990）交流分析のすすめ　人間関係に悩むあなたへ　日本文化科学社　p.79

わたしの守り紙7

事例

8

紀子先生 (30代, 小1担任) の悩み 「感情的に叱ってしまう」

　教職に就き，中堅等教員研修を終え，低学年を担任する機会も多くあった私は，今年の1年生もこれまでのような学級経営を進めれば大丈夫，と思っていました。

　しかし，特別支援学級に在籍するA男，B男（共にADHDの診断あり）が，ほとんどの時間，支援学級担任とともに私の担任する通常学級で学ぶという校内体制をとったことで，非常に難しい学級経営の「壁」が目の前に現れたような感覚を覚えました。大学卒業直後の講師である支援学級担任との連携も難しく，多動傾向の強い2名の男児に対する私の叱り方も，つい感情的に叱ることが増え，自己嫌悪に陥る毎日が続きました。

　そんな私がある日ふと思い出したのが，以前教育カウンセリング研修会で，諸富祥彦先生（明治大学教授）のお話の中にあった**「イラッとしたら離れる」**という言葉です。先生は，高校生の娘とのかかわりに悩む母親の事例を挙げ，次のような「対処法」を話されました。

　思春期は第二反抗期の時期。親に対して強い反抗を示す子どももいる。傍にいると互いに手が出そうになることもあるだろうし，イライラが募り，子どもに「出て行け！」と強い言葉をかけようものなら，本当に家を出て，異性の家に転がり込むようなこともあり得る。

　そうならないように，イラッとしたら，親の方が子どもから距離をとり，離れればよい。

1 教育カウンセリングの理論・技法；バスルーム・テクニック

　諸富先生に学んだ**「イラッとしたら離れる」**という対処法は，アドラー心理学の知見により整理することができます。アドラー心理学では，子どもが陥る「誤った目標」は4つあると捉えます（ドライカース&ソルツ．1993）。それは「必要以上の注目願望」「権力に対する反抗」「復讐」「無能・無力さの誇示」の4つです。これら誤った目標をもった子どもへの対応としては様々なものがありますが，**「イラッとしたら離れる」**は，「バスルーム・テクニック」に相当すると考えられます。

> **バスルーム・テクニックとは**
> 　参考文献『勇気づけて躾ける』第17章「対立を回避する」の項に，3歳半のサラが，キッチンで夕食準備中の母のところに来て，「ママ，何か飲み物をちょうだい」とベソをかきながら訴える場面が出てくる。子どもとの「力比べ」に巻き込まれないために，母親はガスの火を止め，浴室に駆け込めばよい。これを「バスルーム・テクニック」と呼ぶ。言葉は必要ない。まもなくサラは泣き声で訴えることをやめるようになる。

　このバスルーム・テクニックは，実際に浴室に駆け込むだけではなく，様々な場面で，**「精神面の浴室避難」**という活用ができます。私自身，子どもとのかかわりでイライラが募ったとき，物理面で距離をとるか，あるいは精神面で距離をとるか，そのいずれかができていれば，子どもを感情的に大声で叱りつけずに済んだことでしょう。

　ADHD傾向の子どもに対する支援策の一つに「クールダウン」があります。私たち教師もまた，自分自身の言動を制御するためにクールダウンのワザを身につけておく必要があるのかもしれません。そのワザの一つに，「バスルーム・テクニック」を加えるのはいかがでしょうか？

2 言葉綴り；イラッとしたら離れる

　私は，A男，B男について「障害特性ゆえ，セルフコントロールの弱さが
あり，じっと我慢して話を聴いたり，座り続けたりするのは難しい」と頭で
は理解していても，私の口から大きな叱責の声が止まることはなかなかあり
ませんでした。

　それでも，**「イラッとしたら子どもから距離をとる，身体も心も」**と呪文
のように自分に言い聞かせるうちに，子どもとの「間合い」がとれるように
なったことに気づきました。

間合いが大事！

　ちょうど，学生時代に習っていた合気道で，師範から相手との「間合い」
の大事さを繰り返し説かれましたが，そのことを思い出しました。

　諸富先生に学んだ言葉が，子どもと私の間にほどよい「間合い」を生み，
子どもや私の心の疲弊・傷つきを防ぎ，守ってくれたのかもしれません。

3 お薦め文献　これ一冊！

→ 『勇気づけて躾ける』．R. ドライカース，V. ソルツ，早川麻百合訳．一光
　社．1993

　本章で紹介した「バスルーム・テクニック」をはじめ，子どもとのかかわ
りにおける具体的な支援策が満載です。様々な年齢層の「悩ましい」子ども
たちが事例として登場します。「あっ，こんな状況，確かにあるなぁ」と，
目の前で日々かかわる子どもたちをイメージしながら，読み進めることがで
きます。

　私は大事なことが書かれた本のページに折り目をつけるタイプです。読み
終えたこの本は，「折り目がたっぷり」となりました。ややページ数が多く，
読み応えもありますが，その分，皆さんの「子ども支援の引き出し」もいっ
ぱいになります。

4 10分間セルフカウンセリング　「わたしの守り紙」

◇「感情的に叱ってしまう」という悩み経験があるなら
　「救われた，支えられた」言葉を10分間自分と対話しながら振り返る。振
り返った言葉をセルフケアシート「わたしの守り紙」に綴る。

◇「感情的に叱ってしまう」という悩み経験がないなら
　本事例の言葉綴り**「イラッとしたら離れる」**をセルフケアシートに綴る。

　皆さんが綴った守り紙8は，皆さんの8柱目の守り神です。

〈参考・引用文献〉
・R. ドライカース・V. ソルツ，早川麻百合訳（1993）勇気づけて躾ける　一光社　pp.90-104

セルフケアシート

<u>わたしの守り紙8</u>

9 敬一先生 (40代, 研究主任) の悩み
「進まぬ『一枚岩』実践」

　子どもたちには日々,「協力が大切」と言いながら, 私たち教師は歩調を合わせて研究や実践を進めるのが難しいと感じます。私は, 今, 研究主任として, 学校の課題を整理し, 研究の方向性を定め, 校内研究を推進する役割を担っています。私は同僚の先生方の話を聴くのは得意ですが, 異なる意見をまとめ, 引っ張るのは苦手。「配慮」のリーダーシップはあるものの,「引っ張り」のリーダーシップが弱いと自己分析しています。

　ある研究会で「どうしたら校内『一枚岩』実践を展開できるか?」というテーマで協議を行ったことがあります。メンバーは, 管理職や教務主任, 生徒指導主任など, 校内体制づくりの核となる面々でしたが, 皆から「苦労が絶えない」という声が聞かれ, 悩んでいるのは私だけではないとホッとするとともに,「一枚岩」実践の難しさを改めて感じることとなりました。

　その際, 助言者の大学教授が話された次のことが, 私の胸にストンと落ちました。

　私もある部署の長。少ない構成員なのに, 様々なプロジェクト推進に向けた考えは一つにまとまりにくい。しかし, 時間をかけ議論した後は, 皆の考えが一致せずとも方向性を決めねばならないことがある。

　「これでいこう」と決まったならば文句を言わない。「その場から動かない」では困る。「プロ」であるならば, 思考の一枚岩にはなれずとも**行動の一枚岩にはなれる**。「力を合わせ, チームで頑張ろう」と伝えている。

1 教育カウンセリングの理論・技法；コンサルテーション

　前方に転がり始めた岩が，途中で割れるのを防ぐには，その時々の「手入れ」が必要と考え，具体的には外部専門家の力を借りることにしました。本校の課題は「教師主導型授業からの脱却」。生徒は素直で，教師にとっては学習指導も生徒指導もスムーズに進めることができます。

　国が求める「主体的・対話的で深い学びのある授業」に挑戦するのは一部の若手教師のみ。多くの教師は旧態依然の教師主導型から抜けきれずにいることが課題となっています。校内「一枚岩」実践を進めるため，県内の大学で授業方法論を専門とするA教授の力を借り，「コンサルテーション」を受けることにしました。

> **コンサルテーションとは**
>
> 　石隈（1999）は「異なった専門性や役割をもつ者同士が子どもの問題状況について検討し，今後の援助のあり方について話し合うプロセス（作戦会議）」と規定。山本（1986）は，コンサルテーション活動について，「生徒のことで困っている教師から，相談依頼があれば，原則として専門家の方が学校を訪問して教師と話しあい，教師が問題の生徒をより一層理解できるようにし，かつ，当該教師やそれを取り巻く教師たちが自分たちのできる範囲で具体的にとりくめる対応策を明確化する。
>
> 　さらに，教師だけでやれない対応策は，地域にある専門機関という資源に結びつけ，生徒の問題解決をより効果的に促進するためのネットワークづくりをする」と，具体的に述べている。

　つまり，コンサルテーションとは，外部の専門家が問題を抱える子どもに直接働きかけるのではなく，子どもにとってのキーパーソンである教師や保護者等に対して働きかけるものであり，子どもへの間接支援といえます。

2 言葉綴り；行動の一枚岩はできる

　年3回，コンサルタントとして，A教授を招き，研究授業＆授業検討会を行いました。元々，中学校教師であったA教授は，日々生徒にかかわる私たちにとって，「研究者」というよりは「同志」のように感じられる存在であったのが大きかったのかもしれません。

　現場経験を理論によって整理し，私たちに助言してくださるA教授の言葉に耳を傾ける教師が多く，校長の「A教授を信じ，愚直に実践を進めていこう」の呼びかけに，学校が「一枚岩」としての動きを始めたように思いました。

　たとえ，ニュアンスが同じような言い方であっても，外部専門家の言葉に，私たちは重みを感じ，惹かれるものがあるようです。

　「行動の一枚岩づくり」 に向け，各地域のリソース（資源・財産）としての大学教授等の専門家を活用する（＝コンサルテーションを受ける）のはいかがでしょうか？

3 お薦め文献　これ一冊！

→『学校と創った　教室でできる関係づくり　「王道」ステップ　ワン・ツー・スリーⅡ』. 曽山和彦. 文溪堂. 2016

　関係づくりプログラム；「よさっぴタイム＆よさっぴトーク」を創り上げた刈谷市立依佐美中学校の実践から，「一枚岩になるための具体方策」が示されています。

　それは，①常に「チーム○○」と意識づける，②管理職，ミドルリーダーが自ら「してみせる」，③目的達成に向けた手段は「シンプル・おもしろい・ためになる」ものとする，④やると決めたことは全員で徹底する，⑤外部の専門家を活用する，という５つです。依佐美中の実践からも，コンサルテーションの効果が推察されます。

4 10分間セルフカウンセリング　「わたしの守り紙」

◇「進まぬ『一枚岩』実践」という悩み経験があるなら

　「救われた，支えられた」言葉を10分間自分と対話しながら振り返る。振り返った言葉をセルフケアシート「わたしの守り紙」に綴る。

◇「進まぬ『一枚岩』実践」という悩み経験がないなら

　本事例の言葉綴り**「行動の一枚岩はできる」**をセルフケアシートに綴る。

　皆さんが綴った守り紙９は，皆さんの９柱目の守り神です。

〈参考・引用文献〉
・石隈利紀（1999）学校心理学　誠信書房　p.261
・山本和郎（1986）コミュニティ心理学 地域臨床の理論と実践　東京大学出版会　p.87

<u>わたしの守り紙9</u>

⑩ 真野先生(20代，中学校講師)の悩み 「将来の雇用不安」

　教員採用試験には数回チャレンジしたものの合格に届かず，講師勤務が続いている私。子どもの頃から憧れていた教職に就き，生徒にかかわる喜びを感じていますが，いつまで学校が契約してくれるのかどうかも不透明。加えて，コロナ禍による各種業界の雇用状況悪化が，教育現場まで押し寄せるのでは，という心配も重なり，不安な思いばかりが募ります。私の今の心は，ちょっとした衝撃で粉々になるのではないかというほどもろい，「ガラスの心」になっているように感じます。

　学級のA男も「ガラスの心」の持ち主と言えます。彼は，知的な遅れはないものの，物事の順番にこだわりがあるため，急な予定変更（避難訓練など）があるとパニック（大きな声を出す・自分の頭を叩く等）を起こすことがあります。A男の障害はASD（Autism Spectrum Disorder ＝自閉症スペクトラム障害）。2領域（社会的コミュニケーションの制限，反復性の行動・興味）における軽度～重度の能力低下という連続体を示す障害です。

　「反復性の行動・興味」がこだわりに関するものであり，想像力の弱さがこだわりを生むと考えられています。ちょっと想像力を働かせれば，避難訓練に対応できるところですが，その想像力が弱いとすれば，「いったい何が起きたのか，これからどうなるのか」という不安が強まり，パニックを起こすのも納得できます。

　このA男が心穏やかに過ごすための処方箋の一つが「ルーティン（いつもの手順）」です。今，様々な不安にとらわれている私が学ぶべきは，A男と同じ処方箋；「心を丁寧に扱うこと」かもしれないと思っています。

1 教育カウンセリングの理論・技法；ASD支援の「王道」

　以前の特殊教育から，現在の特別支援教育に転換がなされたのは2007（平成19）年です。様々な変更点がある中で，最も大きな点は「通常学級に在籍する知的遅れのない発達障害の可能性がある子ども」（2012年文部科学省調査；6.5％）も対象に含まれるようになったということ。

　つまり，全ての教員が「発達障害について知らないでは済まされない」ということです。

　私は各種研修の機会を通じて，LD，ADHD，ASD等の発達障害がある子どもの支援方策の基本を学びました。A男の障害，ASDについては，以下に示す支援の「王道＝最も正統的な道」（曽山．2014）を学びました。

> **ASD支援の「王道」とは**
> ①視覚情報活用（フォトグラフィックメモリー特性ゆえ）
> ②一度にひとつ（複数の指示を記憶しにくい短期記憶の弱さゆえ）
> ③予定の伝達（見通しのもちにくさゆえ）
> ④肯定的表現（禁止，注意等，否定的表現を受け止めにくいゆえ）
> ⑤感覚（触覚，聴覚，視覚等）過敏性に留意
> ⑥字義性（言葉を文字通りに受け止める）に留意

　上記支援の中で，「ガラスの心」の私に活かせるのは「③予定の伝達」です。毎日，すべきことをルーティンとしてこなす。そうすれば，私もA男同様，心穏やかに過ごせるのではないか，と思っています。

2 言葉綴り；心を丁寧に扱う

　A男に対しても，学級の中で，障害特性に応じた丁寧な支援を心がければ，A男の「ガラスの心」が割れることはありません。同じように私も今，自分の心を丁寧に扱っています。

　具体的には，様々な変化に心が驚かないよう，以下のようなルーティンによる生活実践（平日版）です。

　　「5：30　起床」→「6：00　朝食」
→「6：30　ラジオ体操」→「7：15　家を出る」
→「7：45　学校着」〜仕事〜「18：00　学校を出る」
→「18：30　帰宅」→「19：00　趣味（パッチワーク，読書等）」
→「20：00　夕食」→「21：00　お風呂」
→「22：00　授業準備」→「23：30　就寝」

　時に，不安が生じたときには，「心を丁寧に扱えば大丈夫！」と，自分に言い聞かせています。

3 お薦め文献　これ一冊！

→ DVD『自閉症支援　見えない心に寄り添って』. 服巻智子. NHK エンタープライズ. 2008

　知的な遅れがない ASD の中学生男子２名の事例が中心となって紹介されます。元特別支援学校教諭である服巻氏の，丁寧な働きかけが生徒に安心感をもたらす様子が映像を通して伝わってきます。一人の生徒が，「なぜだかわからないけれど，安心できる人」と服巻氏の印象を語る場面があります。

　それはまさに，ASD 支援の「王道」を歩みながら生徒にかかわる服巻氏だからこそ，生徒にとって安心できる大人として信頼を得ているのでしょう。「その日はきっと来る」と，生徒の成長を信じ続ける服巻氏の言葉にも感動します。

4 10分間セルフカウンセリング　「わたしの守り紙」

◇「将来の雇用不安」という悩み経験があるなら
　「救われた，支えられた」言葉を10分間自分と対話しながら振り返る。振り返った言葉をセルフケアシート「わたしの守り紙」に綴る。

◇「将来の雇用不安」という悩み経験がないなら
　本事例の言葉綴り **「心を丁寧に扱う」** をセルフケアシートに綴る。

　皆さんが綴った守り紙10は，皆さんの10柱目の守り神です。

〈参考・引用文献〉
・曽山和彦（2014）教室でできる特別支援教育　子どもに学んだ「王道」ステップ　ワン・ツー・スリー　文溪堂　p.3

<u>わたしの守り紙10</u>

⑪ 由起子先生 (30代, 小1担任) の悩み
「気になる子とのかかわり」

　授業中，立ち歩く・友だちに手を出す「気になる子」を注意することが多いのが私の毎日の反省点です。それでも，私は「教育のプロとして子どもたちの前に立っている」と自分に言い聞かせながら，「小さな子どもたちのよいところ（リソース；資源，財産）を見つける努力を怠らない」という言葉もまた，忘れないようにしています。

　「A男は○○が好き」「B子は○○が得意」等々，子どもたちの様々なよいところが，私の引き出しに増えていくにつれ，私の笑顔・笑い声が教室の中に増えたのだろうと思います。なぜ，そう思うかというと，以前は，私にあまり近づいてこなかった子どもたちが，「先生，遊ぼう！」と休み時間に誘いにくるようになったからです。

　私は，ある研修会に参加し，ご縁がつながった講師のX先生に，「気になる子」とのかかわり方について「どうしたらよいでしょうか？」とお尋ねしたところ，次のような返信メールをいただきました。

　どのような状態の子どもを前にしても，その子のよいところを見いだし，それを褒める・認めることができるのは「よい教師」です。そして，「この子はきっと○○ができる」と期待することも大切。私はあなたも「きっとよい教師になる」「**あなたならできる**」と期待していますよ。

　X先生の言葉を胸に，「明日からも笑顔で，子どもたちの前に立とう」と気持ちを新たにしている私です。

1 教育カウンセリングの理論・技法；ピグマリオン効果

「ピグマリオン効果」…大学の心理学講義で学び，教員採用試験対策の問題集にも重要ワードとして太字で示されていた用語ですので，私の記憶には残っていました。

「教師が期待するように子どもたちは伸びていく」という知見は，実際に学校現場で子どもたちにかかわっていると，「確かにそうかもしれない」と思わされることが多々あり，反省も含め，今では，私の中で「真の知識」になったと感じています。

> **ピグマリオン効果とは**
>
> ・「教師期待効果」ともいう。教師が児童生徒に対してもっているいろいろな期待が，彼らの学習成績を左右するという実証結果から（梶田．1999）。アメリカの心理学者ローゼンソールが報告した知見である。
>
> ・「この子はきっとできる」と期待すると，日常的な教師の働きかけが変わる。褒めや認めの言葉は自然にかけるだろうし，仮に，学習成績が伸びないときには，教師は自分の力不足を恥じ，教材研究により力を入れることだろう。逆に「この子はできない」と捉えると，褒めや認めの言葉もそれほどかけることはないだろうし，学習成績が伸びないときには，「仕方ない。この子の能力は低いのだから」と諦めるだろう。
>
> キプロスの王ピグマリオンが自分で彫った理想の乙女ガラテアの像を愛し，「人間になってほしい」と願い続けた結果，乙女像が本物の人間になったというギリシア神話に由来する。

2 言葉綴り；君ならできる

　「期待が子どもを育てる」最も著名な例として，事例1の「自己効力」でも紹介した，マラソンの高橋直子選手と小出義雄監督のエピソードが挙げられるのではないでしょうか。

　小出監督が高橋選手にかけ続けた言葉のマジック；**「君ならできる」**は，私たち教師の誰もができるマジックです。

　X先生の助言を受け，2学期以降，「○○が好きな…」「○○が得意な…」と子どものよいところを把握し，それを活用しながら，「大丈夫。きっとできるよ」等の言葉を自分にも，A男にもかけ続けた私。

元気いっぱいのA君は、
優しいっぱいの
A君にもなれるよ！

　これまでを振り返ると，我が学級は入学当初に比べ，格段に笑顔が増えたなぁと思います。やはり，「マジック」効果は抜群です。

3 お薦め文献　これ一冊!

→『君ならできる』小出義雄. 幻冬舎. 2000

　シドニー五輪金メダリスト，高橋直子選手を育てた小出義雄監督の著作です。教え子であるアスリートの力を存分に引き出す指導法が，「小出マジック」。書中にも，監督から高橋選手にかけられる次のような「マジック」が印象的です。

　「君ならできる!」「おれ，おまえのファンになっちゃったよ」…等々。このような期待や愛にあふれる言葉を受けた高橋選手の笑顔が目に浮かんできます。二人の間の，温かく，強い「信頼関係」がたっぷり伝わってきます。

4 10分間セルフカウンセリング　「わたしの守り紙」

◇「気になる子とのかかわり」という悩み経験があるなら

　「救われた，支えられた」言葉を10分間自分と対話しながら振り返る。振り返った言葉をセルフケアシート「わたしの守り紙」に綴る。

◇「気になる子とのかかわり」という悩み経験がないなら

　本事例の言葉綴り**「君ならできる」**をセルフケアシートに綴る。

　皆さんが綴った守り紙11は，皆さんの11柱目の守り神です。

〈参考・引用文献〉
・梶田正巳（1999）『ピグマリオン効果』中島義明ほか編　心理学辞典　有斐閣　p.715

セルフケアシート

わたしの守り紙11

12 直子先生(20代, 特別支援学校小3担任)の悩み 「教育観の合わない同僚とのかかわり」

　学生時代のボランティアがきっかけとなり，将来は障害のある子の教育に携わりたいというのが私の夢でした。教員採用試験に3度目の挑戦で合格し，夢が実現したことをとても幸せに感じていた私です。知的障害特別支援学校小学部に配属された私は，同僚の先生2人とTT体制を組み，7人の子どもたちの担任となりました。同僚の先生の1人は50代のA先生（男性），もう1人は30代のB先生（女性）でした。

　特別支援学校の教育には「領域・教科を合わせた指導」として「日常生活の指導」「生活単元学習」等があります。これらの指導を考える際，3人で検討する機会が多くあるのですが，A先生は「甘やかしてはいけない。厳しく躾ける」という教育観の持ち主。私は，自分が出会ってきた先生方で信頼できた先生は皆，「厳しさ・温かさ」の両面を備えていた方々だったことから，A先生の考え方に馴染めませんでした。そうかと言って，初任者の私がA先生に意見を述べることには躊躇の気持ちがありました。私の考え方をB先生に伝えると，「私もそう思うわよ」と言ってくださるものの，A先生との間に波風を立てたくなかったのでしょう。私の考えを代弁してくださることはありませんでした。

　本来なら，楽しい雰囲気の中，笑顔いっぱいにスタートしたい「朝の会」も毎回，ぴりぴりムード。子どもたちも緊張しますし，同じ場にいる私もストレスでお腹が痛くなるほど。「せっかく実現した私の夢はこんなものだったのか」と泣きたくなっていたとき，ある本の中で出会った言葉が「ゲシュタルトの祈り」の一節；「I do my thing」でした。

1 教育カウンセリングの理論・技法；ゲシュタルトの祈り

　教師として，それぞれの経験や学びを通して固まるものが「教育観」です。TTで子どもの指導に当たる際，教育観が一致する教師同士の場合もあるし，そうでない場合もあります。教育観の違いがある場合には，十分に話し合い，違いを埋められるならばそれに越したことはありません。しかし，それが難しい場合には，話し合う努力を続けながら，一方で，「教育観の違いがあるのは仕方ない。自分は子どもに，『温かさも厳しさもある指導』を大切にしていこう」と，自分の立ち位置を定めることで，それまでの悩みが軽くなったように感じました。「ゲシュタルトの祈り」が，私の心に届いたと言えるのかもしれません。

「ゲシュタルトの祈り」とは

　心理療法であるゲシュタルト療法の創始者，F.パールズによる祈りの詩。ゲシュタルト療法は，「人生の主人公は自分」という考え方を骨子にもつ実存主義哲学が背景にあるため，「ゲシュタルトの祈り」も自分自身への宣言・エールのような響きがある。様々な現代語訳が示されているが，國分（1980）による訳から，以下，引用する。

　　われはわが事をなさん　汝は汝のことをなせ
　　わが生くるは　汝の期待にそわんがために非ず
　　汝もまた　われの期待にそわんとて生くるに非ず
　　汝は汝　われはわれなり
　　されど，われらの心　たまたまふれあうことあらば
　　それに越したことなし
　　もし心通わざれば　それもせんかたなし

---

2 言葉綴り；I do my thing

「**I do my thing ＝われはわが事をなさん**」で始まる「ゲシュタルトの祈り」を体現する生き方をした人として，私の頭に真っ先に思い浮かぶのが「最後の瞽女」と言われた小林ハル氏です。

　私はハル氏の「いい人と歩けば祭り，悪い人といっしょは修行」という言葉を知って以降，職場における人とのかかわりが楽になりました。誰かに「主人公」の座を渡し，「脇役」にまわるのではなく，「主人公」として「I do my thing」の生き方をすればよいと気づきました。

　これからも私は，様々な人とチームを組んで子どもの指導に当たることになります。「**I do my thing**」，「祭りも修行もあるのが人生」と自分に言い聞かせ，頑張っていきます。

3 お薦め文献　これ一冊！

→『最後の瞽女—小林ハルの人生』. 桐生清次. 文芸社. 2000

　人間国宝小林ハル氏へのインタビューを元に，「瞽女（ごぜ）；日本の女性の盲人芸能者」として生きたハル氏の生涯を綴ったノンフィクション。盲目という過酷な状況下，人生を恨まず，人を恨まず，105歳の長寿を全うしたハル氏に，人としての強い尊敬の気持ちが湧いてきます。

　次の二つの言葉が特に私の心に残りました。

　「私はいい人と歩けば祭りだし，悪い人といっしょは修行だと思ってついて歩いた」（上記文献 p.206），「どこへ行っても，いくつになっても，いろいろな苦労があるものだ。〜　いいたいことだっていっぱいあったが，口から外へ出してしまえば同じ罪になる」（上記文献 pp.397〜398）。

4 10分間セルフカウンセリング　「わたしの守り紙」

◇「教育観の合わない同僚とのかかわり」という悩み経験があるなら

　「救われた，支えられた」言葉を10分間自分と対話しながら振り返る。振り返った言葉をセルフケアシート「わたしの守り紙」に綴る。

◇「教育観の合わない同僚とのかかわり」という悩み経験がないなら

　本事例の言葉綴り **「I do my thing」** をセルフケアシートに綴る。

　皆さんが綴った守り紙12は，皆さんの12柱目の守り神です。

〈参考・引用文献〉
・國分康孝（1980）カウンセリングの理論　誠信書房　pp.268-269

セルフケアシート

わたしの守り紙12

⑬ 真理子先生(30代，中1担任)の悩み 「『ねばならない』思考への固執」

　教師になってから10年が経ち，「授業の腕が上がった」と感じることがあります。その一方で，「いい授業をしなければならない・すべき」という縛りも生まれ，授業が苦しくなることもあります。授業中の私の顔は最近，一層厳しくなっているのではないか，という不安も強くなりました。

　私自身がこのように感じている授業を，生徒たちが楽しめるはずはありません。

　私は以前，三屋裕子氏（元バレーボール選手）の講演を聴いたことがあります。三屋氏は，選手として五輪をめざしていた当時，1年間ほとんど休みなく練習に打ち込んでいたそうです。

　そうした中での久々の休日，チームメートと街に買い物に行く予定でいたら，当日，雨が降ってしまったとのこと。チームメートは「あー，楽しみにしていたのに，服が汚れちゃう」とガッカリ。しかし，三屋氏は，「わぁ，マイナスイオンをいっぱいもらえる！」と思い，雨の休日の外出にもワクワクしたそうです。

　そして，講演の最後に，「**人生は考え方一つ**。考え方次第で不幸にも幸せにもなる」と話をまとめられました。今，こうして，改めて三屋氏の講演を思い出すと，私は授業について「ねばならない・べき」という考え方に固執し，不幸になっていたということがわかります。

1 教育カウンセリングの理論・技法；論理療法

　三屋氏の言葉；「人生は考え方一つ」は，論理療法の考え方に重なります。20代の頃，構成的グループ・エンカウンターに関心をもち，教育カウンセリングの研修会に継続して参加するうちに，出会った理論・技法の一つが論理療法です。

論理療法とは（國分．1999）

・A. エリス提唱。折衷主義の考えに立つ理論。支える哲学はプラグマティズム（＝問題を解くのに役に立つ知識こそが真の知識）。論理療法には様々な理論のいいところが盛り込まれているため，どの理論の出身者でも違和感なく受け入れやすい。「ABC 理論」とも呼ばれる。

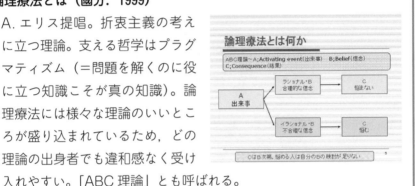

・骨子は「考え方次第で悩みは消える」。「人間の悩みは出来事や状況（A）に由来するものではなく，その出来事の受け取り方（B）に左右される（C））」と捉える。イラショナル・ビリーフは人を不幸にする「悪玉ビリーフ」。「ねばならない」「悲観的」「非難・卑下的」「欲求不満低耐性」の4つがある。

　カウンセリングといえば，「とにかく話を聴くもの」と思っていた私ですので，ビリーフ（信念，思い込み，考え方）が事実か，幸せなものか等をチェックし，「ビリーフの書き換えを説得する」論理療法のアプローチに衝撃を受けたことを思い出します。

2 言葉綴り；人生は考え方一つ

「いい授業をしなければならない・すべき」と固いビリーフをもち，自分を縛っていた私は「不幸」だったと，つくづく思います。生徒がわかる・笑顔になる授業が，私のめざす授業です。

そのために，しっかりと教材研究を行うのは当たり前。そして，授業に臨むとき，「ねばならない・べき」ビリーフを，「○○に越したことはない」と書き換える。つまり，「めざす授業ができるに越したことはない」と自分に言い聞かせながら，生徒の前に立つならば，私の笑顔は多くなる，と思いました。

100点満点の結果しか認めない「ねばならない・べき」ビリーフではなく，100点をめざしながら努力したうえで結果を認める「○○に越したことはない」ビリーフならば，私は日々の授業を幸せな気持ちで行うことができるでしょう。**「人生は考え方一つ」**。そして，「幸せな思い込みならば幸せになる」ということです。

3 お薦め文献　これ一冊！

→『「負けない自分」をつくる心理学』．J. デイムス，國分康孝共著．三笠書房．1996

　「論理療法の考え方を用いて幸福な人生をつくること」…これが本書全体のねらいとして記されています。論理療法の創始者である，A. エリスは，巻頭言；「日本の読者へ」の中で，「本書は驚くほど簡潔でわかりやすい。多くの日本の人々に論理療法をわかりやすく説く画期的な試みである」と絶賛しています。

　論理療法ではビリーフ（belief＝考え方）が悩みの原因と捉えます。このビリーフは心理学用語に置き換えれば「認知（cognition）」であり，俗に言えば「思考（thinking）」です。それゆえに，論理療法では，考え方を検討・修正することが人生の幸福を手にする道であると捉えます。

4 10分間セルフカウンセリング　「わたしの守り紙」

◇「ねばならない思考への固執」という悩み経験があるなら
　「救われた，支えられた」言葉を10分間自分と対話しながら振り返る。振り返った言葉をセルフケアシート「わたしの守り紙」に綴る。

◇「ねばならない思考への固執」という悩み経験がないなら
　本事例の言葉綴り **「人生は考え方一つ」** をセルフケアシートに綴る。

　皆さんが綴った守り紙13は，皆さんの13柱目の守り神です。

〈参考・引用文献〉
・國分康孝（1999）論理療法の理論と実際　誠信書房　pp.3-10, pp.20-25

セルフケアシート

わたしの守り紙13

14 颯太先生 (20代，中1担任) の悩み「うつ病休職に伴う焦り」

初任から勤めた中学校に慣れ，担当授業（社会）にも部活動指導（野球）にもやりがいを感じていた日々。連日遅くまで職員室で仕事をし，休日も野球の大会等でほとんど休まなかったことが，今になって考えれば，知らず知らず，心の元気を奪っていたのかもしれません。

新年度，中1担任となり，例年以上に細かく生徒理解・支援に時間をかけたことの多忙感が引き金となり，5月連休直前，心が「大風邪」をひいてしまいました。夜中に何度も目が覚めたり，身体のだるさが抜けなかったり。連休でゆっくりすれば状態は改善するかと思っていましたが，むしろ，状態が悪化してきたため，心療内科を受診。「うつ病」の診断を受け，しばらく休職するよう指示を受けました。

しかし，元々，健康には自信があったため，連休明けも休まず，授業・部活動を行ったものの，身体が震えたり，不安な気持ちも強まったりしたため，半年間の休職を学校に願い出ました。同じ中学校には，うつ病休職中の教員が以前からいたため，「彼はいろいろ辛いだろうな」と気にはしていたものの，まさか自分もうつ病になり，休職するとは夢にも思いませんでした。

休職当初は，「早く復帰しないと皆に迷惑がかかる」という思いで，毎日焦るばかりでしたが，僕のその焦りの思いを鎮めたのは，フランクル心理学を解説した『**どんな時も，人生に"YES"と言う**』（諸富．1999）という一冊の本でした。「どんな時も…」なんてあり得ない，と思っていた僕の考えを変えたのは，強制収容所から奇跡的に生還したV.フランクルの体験，そして，言葉でした。

1 教育カウンセリングの理論・技法；フランクル心理学

『夜と霧』（フランクル．1985）を読んだことがあります。強制収容所体験を赤裸々に記した同書を読むと戦争の悲惨さが強く心に響き，「二度と戦争など起こしてはならない」と，誰もが胸に刻むことでしょう。

もちろん，僕もその一人です。**「どんな時も人生に YES と言う」**という言葉を，他の誰かが言ったならば，きっと「そんなことは無理」と言いたくなります。

しかし，まさに死が目の前に迫る収容所の極限状況から生還したフランクルの言葉ゆえに，僕は大切に心に刻んでいます。

フランクル心理学とは（諸富．1999）

フランクル心理学は「意味による癒し」と言われる。つまり，人は自分のなすべきこと・満たすべき意味を発見し，それに取り組んでいくことで，初めて心が癒されていくという考え方を基本とする。その，なすべきこと・満たすべき意味を発見するため，次の自問をせよと説いている。

○ 私は，この人生で，今，何をすることを求められているのか
○ 私のことをほんとうに必要としている人は誰か。その人はどこにいるのか
○ その誰かや何かのために，私にできることには，何があるのか

この三つの問いを絶えず念頭に置き，毎日を生きることで，なすべきこと・満たすべき意味を発見する手がかりが得られると説いている。

---

2 言葉綴り；どんな時も人生にYESと言う

　今，うつ病という「心の風邪」にかかった僕にとっても，「なすべき意味」があるはず。人生は僕に何を学ばせようとしているのだろうか…。

　この人生からの問いかけに対して僕が出した答えは，がむしゃらに実践を重ねることだけではなく，その実践を整理するための時間が用意されたのではないかということでした。

　「どんな時も人生にYESと言う」という言葉を胸に，『夜と霧』を再読したり，『フランクル心理学入門』（諸富. 1997）を学び始めたり，大学時代の恩師のゼミで大学生と一緒に学ばせてもらったり…。

　休職中の半年間，これらの「薬」が，うつという「風邪症状」を少しずつ緩和し，僕は職場に復帰できたのだと思います。

3 お薦め文献　これ一冊！

→『生きづらい時代の幸福論―9人の偉大な心理学者の教え』. 諸富祥彦.
角川書店. 2009

　9人の心理学者の一人としてフランクルが取り上げられ（上記文献 pp.93-107），フランクル心理学の骨子をつかむことができます。人生に絶望しかけた人々の魂を鼓舞し続けた，フランクルのメッセージは次の通りです。

　どんな時も，人生には，意味がある。

　なすべきこと，満たすべき意味が与えられている。

　あなたを必要とする「何か」があり，あなたを必要とする「誰か」がいて，あなたに発見され実現されるのを「待っている」。そしてあなたにも，その「何か」や「誰か」のために「できること」がある。

4 10分間セルフカウンセリング　「わたしの守り紙」

◇「うつ病休職に伴う焦り」という悩み経験があるなら

　「救われた，支えられた」言葉を10分間自分と対話しながら振り返る。振り返った言葉をセルフケアシート「わたしの守り紙」に綴る。

◇「うつ病休職に伴う焦り」という悩み経験がないなら

　本事例の言葉綴り **「どんな時も人生に YES と言う」** をセルフケアシートに綴る。

　皆さんが綴った守り紙14は，皆さんの14柱目の守り神です。

〈参考・引用文献〉
・諸富祥彦（1997）フランクル心理学入門　コスモスライブラリー
・諸富祥彦（1999）どんな時も，人生に"YES"と言う　大和出版　pp.154-155
・V.E. フランクル，霜山徳爾訳（1985）夜と霧　新装版　みすず書房

<u>わたしの守り紙14</u>

15 大輔先生 (30代, 高2担任) の悩み 「キャリア不安の高校生とのかかわり」

　「将来, 自分はどんな仕事をしたいのかわからない」「夢や希望はない。何となく生きていければいい」等, 自分の人生を大切に捉えることのできない生徒の声を聞くと悲しくなります。私の勤める高校は地元でも有数の進学校。小学生の頃から塾に通い, 厳しい受験競争を乗り越えてきた生徒が多くいます。大学受験を見据え, 頭の中は「有名大学に合格」という文字のみで占められているのかもしれません。

　確かに, 受験も人生の大事な「出来事」の一つ。しかし, 「人生には, その他にもたくさんの大事なことがあると教えたい」という私の想いは日ごとに大きくなっていました。どうすれば, 生徒の心に届く話ができるのか? そうした悩みを抱えたまま, 参加した教育カウンセリング研修会で, 複数の「キャリア理論」に触れ, 私の心が大きく動いたものがあります。それが「キャリア・アンカー」です。

　そもそも私は, 「キャリア」という言葉を「職業」という一つの意味だけで捉えていて, 「人生を構成する一連の出来事」という意味があることすら知りませんでした。さらにわかりやすい言い方をするならば, キャリアとは「生き方・在り方」。そう捉えるならば, よく耳にする「キャリアを積む」という表現も, 「様々な出来事に出会う・向き合う体験を重ねる」「様々な生き方・在り方をする」ということであり, 納得しやすいように感じました。

　このように研修を通して, キャリアの意味を確認したうえで触れた「発達理論」「構造理論」「特性因子理論」等の中で, ひときわ印象深かった理論が「キャリア・アンカー **(どうしても犠牲にしたくないもの)**」でした。

1 教育カウンセリングの理論・技法；キャリア・アンカー

　研修会では，講師が人生を船旅に例え，「私は学生時代に障害のある子どものボランティアをしたことがきっかけで『キャリアの錨（アンカー）』として障害児教育が重くなり，養護学校という『港』に錨を下ろし20年停泊。その間，少しずつ，研究という錨が重くなり，障害児教育の錨を巻き上げ，港を離れて再び大海に出た。

　やがて，大学という『港』に寄港し，現在，研究の錨を下ろして停泊中」と話をされました。私はこの話に感動し，「私は今，高校という港に錨（アンカー）を下ろし，停泊中」と納得しました。

キャリア・アンカーとは

　E. シャインによって提唱されたキャリアを考えるツールであり，「個人が仕事をしていくうえでどうしても犠牲にしたくないもの，自分にとって大切で価値のあるもの，自分の能力が最も発揮されるもの」（長須. 2008）のこと。数百人を超える様々なキャリア段階の人へのインタビューから，8つのアンカーが明確になっている。

　それは，「専門・職能別コンピタンス」「全般管理コンピタンス」「自律・独立」「保障・安定」「起業家的創造性」「奉仕・社会貢献」「純粋な挑戦」「生活様式」の8つ。

　「自己診断用キャリア指向質問票」と「パートナーによるインタビュー（過去・現在・未来のキャリアに関わる出来事をインタビュー）」により，各人が自己のアンカーを決定することができる。つまり，キャリア・アンカーとは，「自分探しを助ける自己像の明確化のためのツールである」（シャイン. 2003）と言うことができる。

2 言葉綴り；どうしても犠牲にしたくないもの

「生き方・在り方」というキャリアが定まらず，将来への夢がもてない生徒を前に，担任として「どうすればいいのか？」と悩んでいた私ですが，よくよく考えれば，私自身も高校生の頃，明確なキャリアが定まっていたわけではありません。当時は「人とのかかわりが好き，子どもが好き」という想いがありましたが，こうして学びを深めた今，高校時代を振り返るならば，「奉仕・社会貢献」が私の **「どうしても犠牲にしたくないもの」**，すなわち，アンカーだったと言えるのでしょう。

　私は今，ホームルームや総合的な学習の時間を活用して，高校生にキャリアを考えさせる機会を多く用意するようにしています。その際，「『**どうしても犠牲にしたくないもの**』は何だろうか？」と問いかけ，「それが君たちのキャリア・アンカー。人生という航海で，君たち自身の生き方・在り方を定めるアンカー（錨）になるよ」と伝えています。

　私がかつて研修会の講師の話に心惹かれたように，「私の言葉が生徒の心に届くといいな」と願いながら話をしています。

3 お薦め文献　これ一冊！

→『キャリア・アンカー』．E. シャイン．金井壽宏訳．白桃書房．2003
　掲載されている「自己診断用キャリア指向質問票」により，自身の「アンカー；絶対に捨てられない○○」を見つめてみるとよいです。「専門・職能別コンピタンス」「全般管理コンピタンス」等，8つに分かれたアンカーの具体例が示されていますので，イメージしやすいと思います。

4 10分間セルフカウンセリング　「わたしの守り紙」

◇「キャリア不安の高校生とのかかわり」という悩み経験があるなら
　「救われた，支えられた」言葉を10分間自分と対話しながら振り返る。振り返った言葉をセルフケアシート「わたしの守り紙」に綴る。

◇「キャリア不安の高校生とのかかわり」という悩み経験がないなら
　本事例の言葉綴り**「どうしても犠牲にしたくないもの」**をセルフケアシートに綴る。

　皆さんが綴った守り紙15は，皆さんの15柱目の守り神です。

〈参考・引用文献〉
・長須正明（2008）『シャイン』國分康孝監修　カウンセリング心理学事典　誠信書房　p.518
・E. シャイン，金井壽宏訳（2003）キャリア・アンカー　白桃書房　p.99

セルフケアシート

<u>わたしの守り紙15</u>

16 ゼミ生（教職課程履修，大学4年生）の「言葉綴り」実践

　本事例は，私のゼミ生の一人，Aさん（4年生：2021年1月当時）の「言葉綴り」実践を紹介するものです。私のゼミには将来の教職をめざす学生が集います。私は，「自分の想いを自分の言葉でしっかりと伝えることができる教師になってほしい」という願いから，毎回，ゼミ生全員に「12分スピーチ（プレゼンテーション）」を課しています。

　2021年1月9日（土），Web会議ツール（Zoom）によるゼミの場で，Aさんが同期生や下級生に画面を通して伝えたのは，「言葉の効力」というテーマについてでした。

　本書で私が提言する「言葉綴り」とは「自分のお気に入り・自分を支える言葉を文字として綴る」ことです。綴る＝「自分の気持ちや体験などを文章にする。書きつづる」（明鏡国語辞典）という意味で，「言葉綴り」という用語を使用しています。

　一方で，「綴る＝つなぎ合わせて一続きのものにする」（同辞典）という意味もあります。私がAさんのスピーチを聴き，感じたのは，まさに，この「一方」の意味による言葉綴りでした。「多くの人によって綴られた言葉が，『カードケース』（写真4参照）の中で一つにつながり，Aさんを支えたのだなぁ」…と感動した私は，この「Aさんの言葉綴り」もまた，多くの先生方のバーンアウト予防・軽減の参考になると考え，紹介するものです。

1 紙上再現；12分スピーチ　テーマ；「言葉の効力」

＜テーマを選んだ理由＞

　皆さん，こんばんは。よろしくお願いします。皆さん，私のプリントは手元に用意してありますか？

　今日，私は「言葉の効力」というテーマで発表します。なぜこのテーマを選んだかというと，私は言葉に助けられた経験があるからです。なので，経験談と一緒に，改めて言葉の大切さを皆さんに伝えたいと思い，このテーマとしました。

＜本スピーチの目標＞

　プリントの目標のところを見てください。今日の目標は「言葉の大切さを知ろう」です（写真1）。皆さん，書いてください。書けたら顔を上げてください。

写真1　本スピーチの目標

＜言葉の定義＞

　私が言葉をどのような意味で使っているのか，その定義を押さえたいと思います。プリントの「１．言葉の定義」を見てください。

　言葉とは，「ある意味を表すために，口で言ったり字で書いたりするもの」のことです。

　今，私がこうして話していることであったり，文字も「言葉」として捉えて話していきます。人と人が対話するときや手紙，ライン，それから誰かと話さなくても自分の心の中で話をするときにも言葉があると思います。

　このように皆さんは日々，無意識に言葉と生活をしていると思います。

＜言葉の種類＞

　言葉には，２つの種類があります（写真２）。プリントの２番を見てください。

写真２　ふわふわ言葉とちくちく言葉

①は「ふわふわ言葉」，②は「ちくちく言葉」。これを皆さん，書いてください。書けたら顔を上げてください。

　ふわふわ言葉は，言われたら自分が嬉しくなる言葉です。「ありがとう」「助かる」など。逆に，ちくちく言葉は，言われたら悲しくなるような言葉です。今日はふわふわ言葉について話していきます。

＜最近，印象に残った「ふわふわ言葉」は？＞

　私の話をする前に，皆さんの声を聞くため，チャット機能を使います。最近，印象に残ったふわふわ言葉を思い出してください。画面下のアイコンにチャットボタン（写真3）があります。

写真3　チャットのアイコン

それを押すとコメントが入力できます。これから1分間時間をとるので，皆さんのふわふわ言葉を教えてください。自由に何個でもOKです。ではスタートです。

＜チャットにより打ち込まれたゼミ生の声＞
大好き！／〇〇のおかげでできたよ

一緒に頑張ろうね！／ありがとう。助かりました！

助かった！／めちゃくちゃ信頼してる

助かったよ／おかげで助かったよ

お疲れさまでした／美味しかったよ，ありがとう！

楽しかった！／ありがとう

本当にありがとう／ありがとう

ありがとう，元気出た！／すごいね

皆さん，たくさん，ありがとうございます。1分経ったので画面を見てください。どうですか？　このコメント欄を見ると，皆さんのふわふわ言葉があふれていて嬉しい気持ちになりませんか？　私はすごく幸せな気持ちになりました。ありがとうございます。

＜私の体験談＞
今度は私の体験談を話します。プリントの3番「私が受け取ったふわふわ言葉」のところを見てください。そこには，「私の宝物」「同期からの言葉」という二つが書いてあります。

まず，「私の宝物」から話します。「私の宝物」は全て言葉に関するもので，それはこのカードケースです（写真4）。中には，ゼミで実施した演習；「別れの花束」シートが入っています。同期，先輩，後輩，先生からの言葉のシートです。それから他に，教育実習の担当の先生からいただいた手紙も入っています。

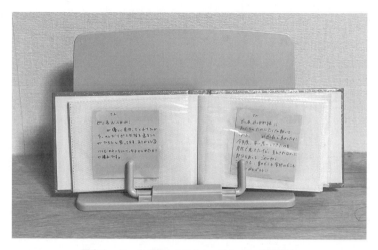

写真4　シートが収められたカードケース（見開き）

そして，私の一番の宝は母からもらった手紙（写真5）です。

これは何回も読み返しているのでしわしわになってしまいました。このカードケースが私の宝物の一つ目です。

写真5　母からの手紙

私の宝物の二つ目は，この黒板写真です（写真６）。これは教育実習時の生徒が最終日に書いてくれたメッセージです。これを見たとき，時には辛いこともあった実習ですが，その辛さの全てを忘れるほど嬉しい気持ちになりました。この写真を見ると，教師になろうという気持ちがさらに強くなります。この二つの宝物によって，私はいつも支えられています。

写真６　教育実習最終日，生徒が書いてくれたメッセージ

　次に，同期からの言葉について話をします。実は，私は昨年，心の病気になってしまいました。病院に通い，薬を飲んでいましたが，なかなかよい方向にいかず，長引いていました。

　ある日，そのことを同期の仲間に打ち明けました。元々，みんなのことを信頼していたので伝えることに抵抗はなかったのですが，やっぱり，「反応はどうかな？」と少し気になっていました。でも，そうした心配はまったく問題なく，「伝えてくれてありがとう」と言ってくれたり，「もっと頼ってよ」など言ってくれたりして，ホッとしました。

　同期の仲間の言葉は，私にとって，病院のどんな薬よりも効き目があり，「言葉の効力ってすごい！　言葉には薬以上の力がある！」と思いました。このように，言葉によって救われた私はみんなからの言葉にとても感謝しています。

プリントに,「ペンは剣よりも強し」という言葉があります。これはイギリスの小説家, リットンの言葉です。

　ここでは, この「ペン」を「言葉」に置き換えてみます。言葉は, ちくちく言葉のように「人を傷つける」場合があります。反面, 私が救われたように,「人を助ける・守る」場合もあります。このように, 二面性のある言葉ですが, 皆さんにはぜひ, ふわふわ言葉をたくさん使ってほしいです。

＜まとめ；言葉はギフト＞

　それでは, まとめに入ります。プリントの「まとめ」の空欄には「言葉はギフト」と書き入れてください。書けたら前を向いてください。これは, 曽山先生の講義の中で知って, 大好きな言葉になりました。

　私はゼミに参加して, 同期や先輩, 後輩, 先生から４年間, たくさんの言葉をかけてもらい本当に感謝しています。それで, 今日のスピーチは, 皆さんにお礼を言うためにもこのテーマにしました。

写真7　最後にみんなで「パチリ！」

「皆さん，私を助けてくれてどうもありがとうございます」

　私は3月で卒業しますが，ずっとゼミの一員であると思っているので，今度は私が，みんなが何かあったときには助けていけたらと思っています。何かあればいつでも私のところに来てください。そして，他のゼミ生が困っていたら言葉をかけてほしいと思います。

　以上でスピーチを終わります。ありがとうございました。

言葉の効力

●目標

1.「言葉」の定義

こと・ば【言葉】
　ある意味を表すために、口で言ったり字に書いたりするもの。　　　　（広辞苑より）

2. 言葉の種類
　言葉は（①　　　　　　）言葉と（②　　　　　　　　）言葉の２種類がある！

3. 私が受け取ったふわふわ言葉
　・私の宝物
　・同期からの言葉

『ペンは剣よりも強し』
By　エドワード・ブルワー・リットン

●まとめ

●参考文献
　『ことばの力』著：川崎　洋

資料　Aさんの12分スピーチ；「言葉の効力」

2 言葉には薬以上の力がある

　本書は，バーンアウトという「病」に陥り，メンタルヘルスを悪化させないよう，次のように「言葉綴り」をしてはいかがでしょうか…と提言するものです（第1章4を参照）。

> 「誰かからかけてもらった言葉」「講演会・研修会で学んだ言葉」「本から学んだ言葉」「自分の中にひらめいた言葉」…等々で，心が元気になった言葉を，自ら綴る（手書き，ワープロ等）。

　「私は昨年，心の病気になってしまいました」と皆に伝えたAさんは勇気ある学生です。そのAさんの勇気を育み，病を癒やしたのは，ゼミ生やお母さん等が綴った言葉であることが，12分のスピーチ内容から伝わってきます。

　まさに，私が提言する言葉綴り効果を，我が教え子が身をもって実証してくれ，何よりもAさん本来の素敵な笑顔が戻ってきたことを心から嬉しく思います。Aさんは辛い体験を機に，バーンアウト，あるいは「心の病」に対する「免疫」「処方箋」の二つを手にしました。

　この二つは誰もが持ち合わせているものではありません。辛い体験を乗り越えたAさんだからこそ手にできた「宝」と言えます。特に，「言葉には薬以上の力がある」というAさんの言葉がひときわ輝いているように感じます。

　現在，教壇に立っているAさんは，目の前の生徒にたくさんの「ふわふわ言葉」をかけていることでしょう。そして，これから様々な悩みに直面し，ちょっと「心が風邪気味」になったとしても，「免疫」「処方箋」という宝をもつAさんならば，治りは早いはずです。「自信をもって生徒の前に立てばよい。あなたなら大丈夫！　いい先生にきっとなる！」…社会に巣立ったAさんに，私が届けたい「言葉綴り」です。

世の中には，バーンアウトなどの「心の病」を見事に治してくれる名医も多くいます。しかし，治療に長い時間がかかると，診察代や薬代など，安価には済みません。

　その点，本書で提言する「言葉綴り」は，どうでしょうか？

　Aさんの事例から学ぶように，「自分を救ってくれる・助けてくれる・元気にしてくれる」言葉があります。それらは費用もかからず，時には「薬以上の効果」が期待できます。ならば，使わない手はありません。

　本事例を含む16事例を参考に，私たちはたくさんの「言葉綴り」を用意し，「病」の予防にも治療にも活用していきませんか？

　そして，私たちが使って「効果抜群！」と感じたものを，子どもたちに「処方」していくことで，学校・教室は，皆の笑顔でいっぱいになるのではないでしょうか？

　きっと「心身ともに元気いっぱいな子どもたち」であふれる幸せな学校・教室が全国各地に生まれます。

おわりに

　本書は，私の９冊目の単著です。コロナ禍によるテレワークの期間，本書の執筆が，私の生活や仕事のリズムをどれだけ整えてくれたかわかりません。毎日，決まった時間に少しずつ書き綴ることで，私の心は落ち着き，整いました。まさに**「セルフカウンセリング」**の実体験…このような機会を与えてくださった明治図書出版の皆様には心より感謝しています。"オニの心"シリーズとしても４冊目，私の「宝」がまた一つ増えました。

私の心を元気にしてくださった先生方

　執筆中，これまでお世話になった多くの先生方のお顔が浮かんできました。ここでは特に「心が元気になった」言葉をかけてくださった先生方に感謝の想いを込め，お名前を紹介させていただきます。既にお亡くなりになった先生もいらっしゃいますが，私の心の中には今も先生が生きています。

> 　（東京学芸大学関係）角尾稔先生，堅田明義先生
> 　（秋田大学関係）谷口清先生，本間恵美子先生，武田篤先生，内海淳先生
> 　（養護学校関係）宮城武久先生，石山憲二先生，進藤史生先生
> 　（秋田県教育委員会関係）根岸均先生，高野豊昭先生，鶴飼孝先生，藤井良一先生，斎藤孝先生，小林敬一先生，志渡裕先生，藤井慶博先生
> 　（教育カウンセリング関係）國分康孝先生，國分久子先生，河村茂雄先生，諸富祥彦先生

　私の人生の一大転機は，2007（平成19）年４月，大学教員への転職です。前年度まで，教育委員会管理主事であった私が退職し，自分の夢を追ったことに対し，否定的な言葉をかけてくる人もいて，心の元気が奪われることも

ありました。そのようなとき，当時，秋田県教育長の根岸均先生が，４月の全県指導主事会の席上，「特別支援教育課に曽山という管理主事がいた。彼は自分の夢を実現し，この春から大学教員になった。皆も頑張れ」という趣旨の話をしてくださったと，以前の同僚が教えてくれました。根岸先生の言葉が私を励まし，大学教員として元気にスタートを切れたことで，**「転職」が「天職」を導いてくれた**のだと思っています。

心の元気のお裾分け

2020年初頭から続くコロナ禍という状況を「変えられるものなら，今すぐにでも変えたい」と誰もが思っています。しかし，強く願っても，日々の努力を重ねても，「今はまだ変わらない」という状況が私たちに突きつけられています。仕事の面でも生活の面でも多くの制限に縛られ，心の元気が奪われそうなとき，私は「ニーバーの祈り：アメリカの神学者，ラインホールド・ニーバーの祈りの詩」を心で唱えるようにしています。

> おお神よ，変えられないものを受け入れる平静さと，変えるべきものを変える勇気を私たちにお与えください。（以下略）（山川．2016）

この詩から学ぶ「平静さ，勇気」を大切に，私は**「今，できる最高をする**」と心に定めています。そして，できることの具体として，オンデマンド用の映像講義収録，Zoom などのオンラインツールを活用した研修会開催などを行っています。私は，これまで多くの方々から与えてもらった「心の元気」を今こそ，周りの人たちにお裾分けしたいと考えています。

特に昨年４月以降，教壇に立ち始めた２年目，１年目の若い先生方は，子ども，同僚とのかかわりに多くの制限がかかっていることで，笑い合うことも，熱く議論することも，悩み相談することも，十分にやりきれないもどかしさを日々感じていることでしょう。コロナ禍が終息し，以前のような学校生活が戻ってくるにはもう少し時間がかかりそうです。本書をお読みいただ

き，もし，私の考えや言葉が少しでも皆さんの心の元気チャージに役立ったとしたら，HP（KAZU・和・POCKET；http://www.pat.hi-ho.ne.jp/soyama/index.htm）に紹介しているオンライン研修等にもぜひ，ご参加ください。皆さんに，私の心の元気をさらにお裾分けします。「かかわりが人を癒やす」…画面を通した「かかわり」でも十分に人は癒やされる…私の実感です。

私の大切な守り紙

　本書では，16事例の中で様々な「守り紙」を紹介しました。私の守り紙の具体としても「3行ブログ」「後輩の手紙」などを紹介しましたが，さらに，大切な2つの守り紙を紹介します。

　1つ目は，10年日記に綴った「妻の言葉」です。誰にも見せることのない日記には，妻が私にかけてくれた言葉も様々に綴ってあります。これまで，難しい事態に直面し，落ち込み，倒れそうになった私を支えてくれた妻は私の「守り神」であり，妻の言葉を綴った日記のページは「守り紙」です。

　2つ目は，時々，届く「孫の手紙」です（2020年2月　孫4歳時の手紙。「く」「う」が左右反転しているのも可愛い。前年，電車で浅草に2人で行ったことを思い出したのでしょう）。

> おじいちゃん，あさくさ　いこうね　あんみつ　たべようね
> あさくさ　いこうね　こんど　あーばんらいなー　のろう

　今，部屋に飾ってあるこの手紙を読むと，私は必ず自分の心に次の言葉を言って聞かせています。

「春秋に富む」（＝まだまだ若く，先は長い）

バリバリと元気に仕事をする「じいちゃん」の姿をこれからも孫に見せていこう！　…そう，強く心に定めています。

　妻の言葉も孫の手紙も，御利益たっぷりの「私の守り紙」です。

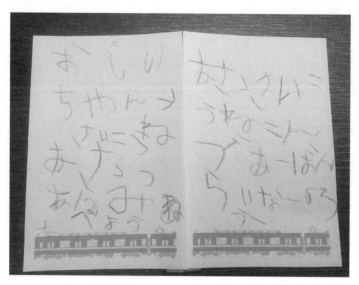

孫の手紙；「おじいちゃん　あさくさ　いこうね」

最強・最高・最「幸」の言葉；「ありがとう」

　本書の編集担当として，いつも細やかに言葉をかけてくださった明治図書の赤木恭平さん，『「豆まき理論」で心を鎮める　時々"オニの心"が出る保護者との関係づくり』に次ぎ，優しく・温かなイラストを描いてくださったMoe さんに感謝します。また，いつも変わらず，私の「応援者」である家族（妻の晃子，母の博子，義父母の昭二郎・ツマ，息子夫婦の泰賀・翡衣，孫の新）に感謝します。

　本書の終わりは，最強・最高・最「幸」の言葉で綴りましょう。

　皆さん，本当に，「**ありがとうございます！**」

曽山　和彦

〈参考・引用文献〉
・山川紘矢・山川亜希子（2016）祈りの言葉　ダイヤモンド社　p.113

【著者紹介】

曽山　和彦（そやま　かずひこ）

名城大学教授。群馬県出身。東京学芸大学卒業，秋田大学大学院修士課程修了，中部学院大学大学院博士課程修了。博士（社会福祉学）。学校心理士。ガイダンスカウンセラー。学校におけるカウンセリングを考える会代表。東京都，秋田県の養護学校教諭，秋田県教育委員会指導主事，管理主事，名城大学准教授を経て，現職。

著書に，『教室でできる特別支援教育　子どもに学んだ「王道」ステップ　ワン・ツー・スリー』（文溪堂），『誰でもできる！中1ギャップ解消法』（教育開発研究所），『「豆まき理論」で心を鎮める　時々"オニの心"が出る保護者との関係づくり』（明治図書），『「気になる子」が通常学級に溶け込む！　10の理論・10の技法』（ほんの森出版）ほか多数。

〔本文イラスト〕Moe

「言葉綴り」で自尊感情を高める！
時々"オニの心"が出る教師のための
10分間セルフカウンセリング

2021年9月初版第1刷刊　©著　者　曽　山　和　彦
発行者　藤　原　光　政
発行所　明治図書出版株式会社
http://www.meijitosho.co.jp
（企画）赤木恭平（校正）宮森由紀子
〒114-0023　東京都北区滝野川7-46-1
振替00160-5-151318　電話03（5907）6701
ご注文窓口　電話03（5907）6668

＊検印省略

組版所　広　研　印　刷　株　式　会　社

Printed in Japan　ISBN978-4-18-348114-6
もれなくクーポンがもらえる！読者アンケートはこちらから

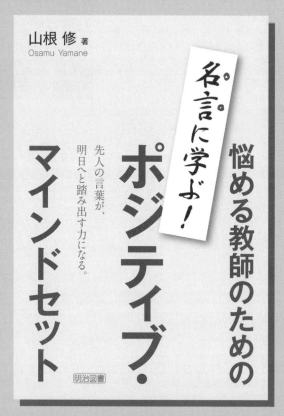
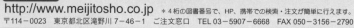